人文武术精品书系

勿使前辈之遗珍失于我手

勿使国术之精神止于我身

孙禄堂

太极拳学

武学名家典籍丛书

孙禄堂武学集注

孙禄堂·著

孙婉容·校注

北京科学技术出版社

孙福全（1860—1933年），字禄堂，世以字行，号涵斋。河北完县（今河北顺平）人。资质聪颖，性情温和。幼从李魁垣读书习拳。继从李之师郭云深公深造。后闻北京程廷华精八卦掌，遂朝从程，暮从郭，研习两家拳法，功夫深厚，享名于京。因其相貌清癯，身材巧小，动作轻灵，时人有『活猴』之誉。五十余岁又从郝为桢学太极拳，晚年冶太极拳、形意拳、八卦掌技法于一炉，创进退相随，圆活敏捷的孙氏太极拳，并提出太极、形意、八卦三家会合为一体，一体分三派，『三派姿势虽不同，其理则一也』之理论。1928年，被南京中央国术馆聘为武当门门长，嗣改就江苏省国术馆教务长。孙禄堂喜研周易、丹经，据以阐发拳理。著有《形意拳学》《八卦拳学》《太极拳学》《拳意述真》《八卦剑学》等。

太极拳学

一代宗师孙禄堂

孙禄堂（1860年12月—1933年12月），讳福全，晚号涵斋，河北省完县人，是清末民初蜚声海内外的儒武宗师，有“虎头少保”“天下第一手”及“武圣”之称誉。

孙禄堂从师形意拳名家李魁垣，艺成被荐至郭云深大师处深造。之后又承武林大家程廷华、郝为桢亲授，并得宋世荣、车毅斋、白西园等多位武林前辈的认可点拨。郭云深喜而惊叹曰：“能得此子，乃形意拳之幸也！”程廷华赞曰：“吾授徒数百，从未有天资聪慧复能专心潜学如弟者。”郝为桢叹服：“异哉！吾一言而子已通悟，胜专习数十年者。”孙禄堂南北访贤，得多位学者、高僧、隐士、道人指点，视野广开，尤其在《易经》、儒释道哲理、内丹功法方面，收益奇丰。孙禄堂精通形意拳、八卦拳、太极拳三拳，他以《易经》为宗旨，融会古今，打通内外，提出“三拳形虽不同，其理则一”的武学理念。孙禄堂已出版《形意拳学》《八卦拳学》《太极拳学》《八卦剑学》《拳意述真》五本武学经典。

孙禄堂创建的“孙氏太极拳”，在国术史上首次提出及印证了“拳与道合”这一经典命题，是太极拳发展史上的一座里程碑。

孙禄堂第一个提出：在文化领域里，武学与文学，具有等同的价值；又率先提出“国术统一”的思想，这在当时中国武术界引发了极大的反响。

孙禄堂集武学、文学、书法、哲学、教育学、社会学等多科学问于一身，武有成，文有养，是文武共舞共融的实践者。

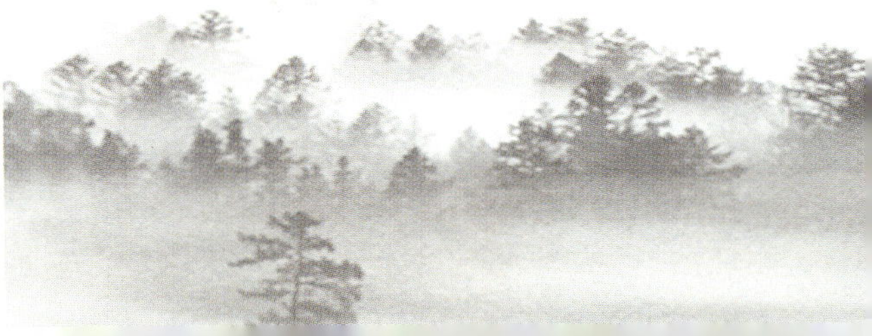

上图 孙禄堂先生、夫人张昭贤女士及女儿剑云合影（1933年秋）

左图 孙禄堂先生（59岁）和女儿剑云（6岁）

无极图——如立空虚之地，动静不能自知。胸中虽空空洞洞无意向思想之理，但腹内确有至虚至无之根，而能生出无极之气也

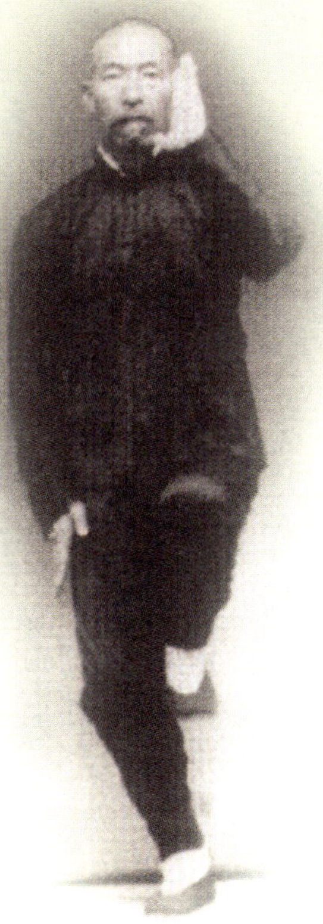

更鸡独立左式——右手右足落，左腿左足起，心中虚空用意上顶，两肩用意下缩，左右不拘数，总要练至左式为止

孙禄堂在京师巧遇太极拳大师郝为桢，郝曾受助于孙禄堂，决定将所习太极拳及心得理法亲授与他，受教时，只要郝公一语方出，孙早已通悟，二人搭手，郝叹服不已。曰："异哉！吾一言而子已通悟，胜专习数十年者。"盖因孙禄堂早已精通形意拳、八卦拳技理，一以贯之，故能通达通悟。

"孙氏太极拳"为孙禄堂所创建，其本身蕴含传承与创新两大特点。孙禄堂结合其五十多年的实践经验，承前创新，日臻完善，撰写了具有新内涵、新活力、新结构、新理论，独具"三拳合一"特色的理论典著《太极拳学》。

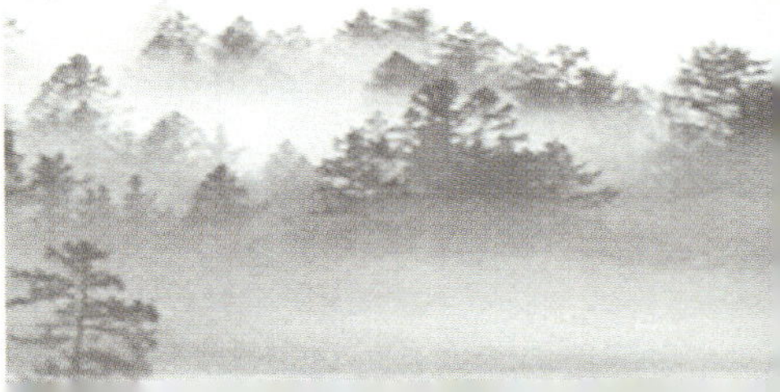

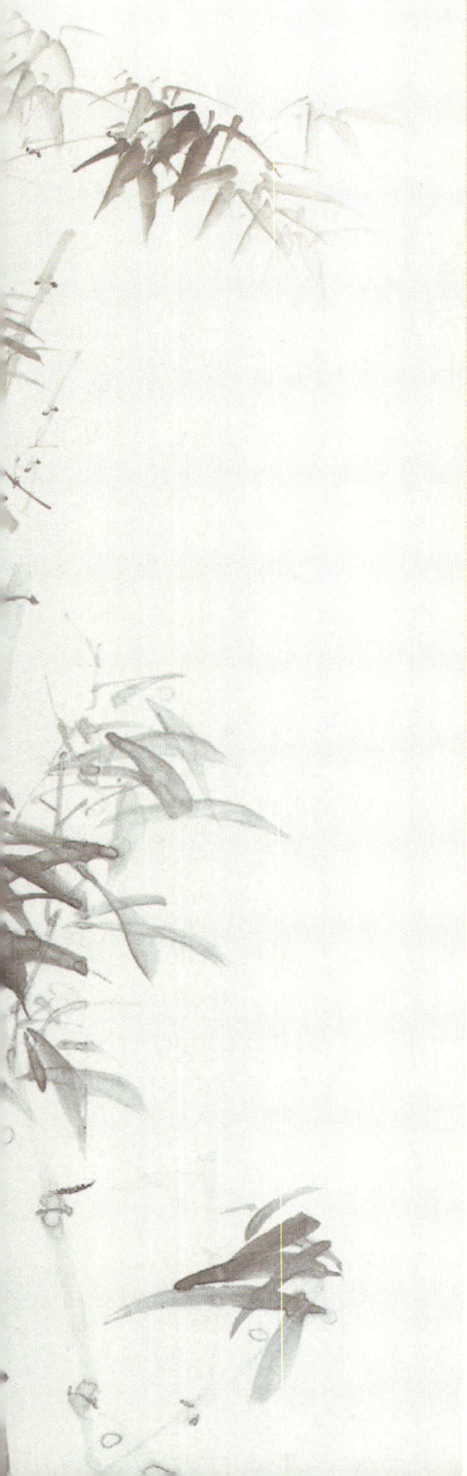

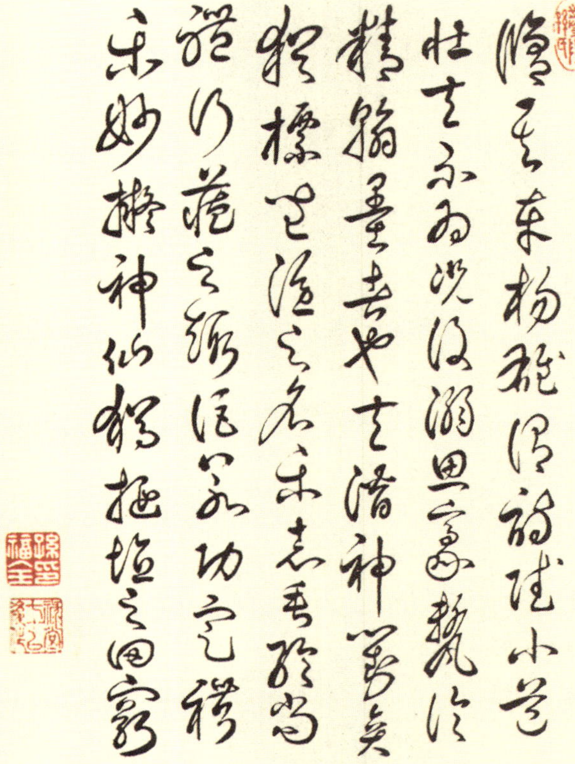

修其本 杨雄谓 诗赋小道
壮夫不为 况复溺思毫厘
沦精翰墨者也 夫潜神对奕
犹标坐隐之名 乐志垂纶
尚体行藏之趣 讵若功定礼乐
妙拟神仙 犹埏埴之罔穷

出版人语

武术作为中华民族文化的重要载体，集合了传统文化中哲学、天文、地理、兵法、中医、经络、心理等学科精髓，它对人与自然和谐共生关系的独到阐释，它的技击方法和养生理念，在中华浩如烟海的文化典籍中独放异彩。

随着学术界对中华武学的日益重视，北京科学技术出版社应国内外研究者对武学典籍的迫切需求，于 2015 年决策组建了“人文·武术图书事业部”，而该部成立伊始的主要任务之一，就是编纂出版“武学名家典籍”系列丛书。

入选本套丛书的作者，基本界定为民国以降的武术技击家、武术理论家及武术活动家，而之所以会有这个界定，是因为民国时期的武术，在中国武术的发展史上占据着重要的位置。在这个时期，中、西文化日渐交流与融合，传统武术从形式到内容，从理论到实践，都发生了巨大的变化，这种变化，深刻干预了近现代中国武术的走向。

这一时期，在各自领域“独成一家”的许多武术人，之所以被称为 “名人”， 是因为他们的武学思想及实践，对当时及现世武术的影响深远，甚至成为近一百年来武学研究者辨识方向的坐标。这些人的“名”，名在有武术的真才实学，名在对后世武术传承永不磨灭的贡献。他们的各种武学著作堪称为“名著”，是中华传统武学文化极其珍贵的经典史料，具有很高的文物价值、史料价值和学术价值。

首批推出的“武学名家典籍”丛书第一辑，将以当世最有影响力的太极拳为主要内容，收入了著名杨式太极拳家杨澄甫先生的《太极拳使用法》《太极拳体用全书》；一代武学大家孙禄堂先生的《形意拳学》《太极拳学》《八卦拳学》《拳意述真》《八卦剑学》；武学教育家陈微明先生的《太极拳答问》《太极拳术》《太极剑术》。民国时期的太极拳著作，在整个太极拳发展史上占有举足轻重的地位。当时的太极拳著作，正处在从传统的手抄本形式向现代著作出版形式完成过渡的时期；同时也是传统太极拳向现代太极拳过渡的关键时期。这一历史时期的太极拳著作，不仅忠实地记载了太极拳架的衍变和最终定型，而且还构建了较为完备的太极拳技术和理论体系，而孙禄堂先生的武学著作及体现的武学理念，特别是他首先提出的“拳与道合”思想，更是使中国武学产生了质的升华。

这些名著及其作者，在当时那个年代已具有广泛的影响力，而时隔近百年之后，它们对于现阶段的拳学研究依然具有指导作用，依然被太极拳研究者、爱好者奉为宗师，奉为经典。对其多方位、多层面地系统研究，是我们今天深入认识传统武学价值，更好地继承、发展、弘扬民族文化的一项重要内容。

本丛书由国内外著名专家或原书作者的后人以规范的要求对原文进行点校、注释和导读，梳理过程中尊重大师原作，力求经得起广大读者的推敲和时间的考验，再现经典。

“武学名家典籍”丛书，将是一个展现名家、研究名家的平台，我们希望，随着本丛书第一辑、第二辑、第三辑……的陆续出版，中国近现代武术的整体风貌，会逐渐展现在每一位读者的面前；我们更希望，每一位读者，把您心仪的武术家推荐给我们，把您知道的武学典籍介绍给我们，把您研读诠释这些武术家及其武学典籍的心得体会告诉我们。我们相信，“武学名家典籍”丛书这个平台，在广大武学爱好者、研究者和我们这些出版人的共同努力下，会越办越好。

前言

先祖父禄堂公 1933 年 12 月殁于故里，至今已 82 年；先父存周公 1963 年逝于北京，至今亦 52 了。而不管过多少年，先祖父和父辈留下的事业及由此带来的责任，却始终沉甸甸地压在我的心头。

先祖父孙禄堂，孙氏武学的创建者，喜文近武，得多位武术大师倾心传授，加以天赋资质，刻苦勤奋，数十年如一日，矢志不渝，精修形意、八卦、太极三派拳术，经半个多世纪的研习、探索、提炼，终臻化境。时人公论，集三派拳术于一身且精通技理者，独孙禄堂一人耳。故先贤宋世荣曾赠言："学于后，空于前。后来居上，独续先宗绝学。"

先祖父品德高尚，武功造极，学识渊博，又深谙国学，感悟武术与"周易"关联，遂参《易》修拳，首提关乎武学未来走向的"拳与道合"之理，并冶三拳技理于一炉，创立了"三拳形虽不同，其理则一"的孙氏太极拳，在中国太极拳发展历史上，立起了一座划时代的丰碑。

先祖父武学著作颇丰，代表作《形意拳学》《八卦拳学》《太极拳学》《拳意述真》《八卦剑学》，技理俱佳，极具科学性、可读性以及实用价值。传播至今，仍被武学研究者奉为圭臬。

孙氏后人，时刻以先人的荣誉为荣，更以弘扬先人开创的一脉拳学为己任。20 世纪 90 年代初，由先姐孙叔容组织孙氏武学门人，首次对孙禄堂武学著作进行了整理及简注。

21 世纪初，再由先姐孙叔容，带领笔者及亡弟宝亨，编著出版了《孙禄堂武学著作大全增订本》。

先姐在这册《大全增订本》前言中申明了笔者姐弟之所以一而再、再而三整理注释先祖父遗著的初衷：

先祖“阐明武学之道，刊行于世，裨益后学者多矣。”然“孙氏武学著作中常引用儒、释、道三家之说，及阴阳、五行、八卦、运行之理，以阐发拳中之奥义，每有文言体裁，且引述《易经》及黄老之学，难为近人所接受，笔者等遂编写《孙禄堂武学著作大全简注》一书以应读者之需，出版以来备受读者喜爱。现初版书早已告罄，而索书者日众。今经笔者对《孙禄堂武学著作大全简注》一书进行补充校订，以修订本问世，以飨孙氏武学爱好者。”

先姐所言，道出了吾辈孙氏后人的心声，在此《孙禄堂武学著作大全简注》之后，笔者亦筹资先后自费出版印行了再现先祖父五本经典拳学原版原貌的《孙禄堂武学全集》和全面展示先祖父文有养，武有成，文武共舞共融风采的《孙禄堂文武集》。

先祖父所著五本经典拳学，影响深远，求索者众。先父孙存周昔年在世时，几度再版，仍不敷求。本人效仿先父，为酬孙氏武学之知音，不畏其难，自筹资金，自费印制《孙禄堂武学全集》，亦是孙家后人“成先人之志，不坠其业”的一点儿执守。

光阴荏苒，仅《孙禄堂武学著作大全增订本》的问世，转瞬已15 年矣。包括以先姐为首的合作人，除笔者外，俱已驾鹤西去。然孙氏武学之研究，却始终没有停止，整理修订工作正未有穷期。

笔者虽届米寿之年，但责无旁贷，誓担此任，力足赴之，薪火相传，团结门人弟子、学生以及所有爱好者，为传承普及推广孙氏武学，继续进行公益教学、编著及有关的社会活动。恰逢此时，北京科学技术出版社紧跟国家前进步伐，为弘扬中国武术文化，以人为本，实现梦想，相约出版"武学名家典籍"丛书之《孙禄堂武学集注》，双方一谋即合，决心倾情共襄孙氏武学研究领域的这一盛举。

由笔者担任校注的《孙禄堂武学集注》，集孙禄堂武学著作竖排原版原文、横排简体版、孙禄堂部分历史图照及书法作品为一体，重点对孙禄堂原著进行点校正误，并在旧作《孙禄堂武学著作大全增订本》的基础上，增加修正部分解注。旨在更有利于习者阅读，理论联系实际，提升武技水平。本版《孙禄堂武学集注》的影印部分，选用民国十六年（1927 年）至民国廿四年（1935 年）间出版的孙禄堂原著，原书版次可见于各册影印部分结尾的版权页，供读者核查。

本书完稿，即将付梓，虽严加校正，亦恐难臻至善不留讹舛，敬请方家正之。

孙婉容

乙未秋月书于北京颐清园

太極拳學

陸軍步兵少校六等文虎章孫禄堂

太極拳學序

太極拳學。王宗岳論之精矣。其術以柔曲爲體。以剛直爲用。蓋巨力之至。非柔曲不能化之靈。彼力既化。非剛直不能放之遠。故曰曲中求直。蓄而後發。練習此術。在氣沈丹田。純以神行。不尚後天之拙力而禦敵制勝。如行所無事。雖甚巧而有至道存焉。老子曰。爲欲取之。必固與之。原譜所謂左重則左虛。右重則右杳。卽人取我與之意也。莊子曰。得其環中。以應無窮。原譜所謂氣如車輪。行氣如九曲珠。卽得其環中之意也。故其術專氣致柔。蓋合於道家。非數十年功力不能用之精純而皆宜。祿堂先生作太極拳學成。命爲序文。曾則於斯術未窺門徑。略贅數言。不知其有當否也。

己未冬月蘄水陳曾則書

序

太極拳相傳創自張三峯氏。承其流者。雖支分派別。互有異同。要之不離動靜分合虛領頂勁者。近是項孫祿堂師以所編太極拳學見示。余反覆參觀。見其中頗有與老氏之旨相合者。形上謂之道。吾無間然矣。太極拳貴空虛。忌雙重。非老子之虛而不屈。動而愈出者乎。太極之勁斷而意不斷。非老子之緜緜若存者乎。太極之隨屈就伸。意在人先。非老子之迎之不見其首。隨之不見其後者乎。故吾謂有欲以觀其竅者。即太極之十三式是也。無欲以觀其妙者。即太極之鍊氣化神是也。無人無我。妙合自然。氣足神完。庶近於道。知和曰常。知常曰明。學者息心求之。庶不負著者之苦心也夫。吳心穀書

自序

乾坤肇造。元氣流行。動靜分合。遂生萬物。是爲後天而有象。先天元氣。賦於後天形質。後天形質。包含先天元氣。故人爲先後天合一之形體也。人自有知識情欲。陰陽參差。先天元氣漸消。後天之氣漸長。陽衰陰盛。又爲六氣所侵。（六氣者。卽風寒暑濕燥火也）七情所感。故身軀日弱。而百病迭生。古人憂之。於是嘗藥以袪其病。靜坐以養其心。而又懼動靜之不能互爲用也。更發明拳術。以求復其虛靈之氣。迨達摩東來講道豫之少林寺。恐修道之人。久坐傷神。形容焦悴。故以順逆陰陽之理。彌綸先天之元氣。作易筋洗髓二經。教人習之。以壯其體。至宋岳武穆王。益發明二經之體義。制成形意拳。而適其用。八卦拳之理。亦含其中。此內家拳術之發源也。元順帝時。張三丰先生。修道於武當。見修丹之士。兼練拳術者。後天之力。用之過當。不能得其中和之氣。以致傷丹。而損元氣。故遵前二經之義。用周子太極圖之形。取河洛之理。先後易之數。順其理之自然。作太極拳術。闡明養身之妙。此拳在假後天之形。不用後天之力。一動一靜。純任自然。不尚血氣。意在練氣化神耳。其中本一理。二氣。三才。四象。五行。六合。七星。八卦。九宮等奧義。始於一。終於九。九又還於一之數也。一理者。卽太極拳術起點腹內中和之氣。太極是也。二氣者。身體一動一靜之式。兩儀是也。三才者。頭手足。卽上中下也。四象者。卽前進後退左顧右盼也。五行者。卽進退顧盼定也。六合者。卽精合其神。神合其氣。氣合其精。是內三合也。肩與胯合。肘與膝合。手與足合。是外三合也。內外如一。是成爲六合。七星者。頭手肩肘胯膝足。共七拳。是七星也。八卦者。掤攦擠按採挒肘靠。卽八卦也。九宮者。以八手加中定。是九宮也。先生以河圖洛書爲之經。以八卦九宮爲之緯。又以五行爲之體。以七星八卦爲之用。創此太極拳術。其精微奥妙。山右王宗岳先生論之詳矣。自是而後。源遠派分。各隨己意而變其形式。至前清道咸年間。有廣平武禹讓先生。聞豫省懷慶府趙保鎮有陳清平先生者。精於是技。不憚遠道。親往訪焉。遂從學數月。而得其條理。後傳亦畬先生。亦畬先生又作五字訣。傳郝爲真先生。先生以數十年之研究。深得其拳之奥妙。余受教於爲真先生。朝夕習練。數年之久。略明拳中大概之理。又深思體驗。將夙昔所練之形意拳。八卦拳與太極拳。三家會合而爲一體。一體又分爲三派之形式。三派之姿式雖不同。其理則一也。惟前人祗憑口授。無有專書。偶著論說。亦無實練入手之法。余自維淺陋。不揣冒昧。將形意拳。八卦拳。太極拳。三派各編輯成書。書中各式之圖。均有電照本像。又加以圖解。庶有志於此者。可按圖摹仿。實力作去。久之不難得拳中之妙用。書中皆述諸先生之實理。並無文法可觀。其間有舛錯不合者。尙祈海內明達。隨時指示爲感。

民國八年十月河北完縣祿堂孫福全謹序

太極拳之名稱

人自賦性含生以後。本藏有養生之元氣。不仰不俯。不偏不倚。和而不流。至善至極。是爲真陽。所謂中和之氣是也。其氣平時洋溢於四體之中。浸潤於百骸之内。無處不有。無時不然。内外一氣。流行不息。於是拳之開合動靜。卽根此氣而生。放伸收縮之妙。卽由此氣而出。開者爲伸。爲動。合者爲收。爲縮。爲靜。開者爲陽。合者爲陰。放伸動者爲陽。收縮靜者。爲陰。開合像一氣運陰陽。卽太極一氣也。太極卽一氣。一氣卽太極。以體言。則爲太極。以用言。則爲一氣。時陽則陽。時陰則陰。時上則上。時下則下。陽而陰。陰而陽。一氣活活潑潑。有無不立。開合自然。皆在當中一點子運用。卽太極是也。古人不能明示於人者。卽此也。不能筆之於書者。亦卽此也。學者能於開合動靜相交處。悟澈本原。則可以在各式圓研相合之中。得其妙用矣。圓者。有形之虛圈〇是也。研者無形之實圈●是也。斯二者。太極拳虛實之理也。其式之內。空而不空。不空而空矣。此氣周流無礙。圓活無方。不凹不凸。放之則彌六合。卷之則退藏於密。其變無窮。用之不竭。皆實學也。此太極拳之所以名也。

凡例

一是編分爲上下兩編。提綱挈領。條目井然。上編次序。首揭無極太極之學。內含陰陽動靜五行之理論。以無極式爲之根。以太極式爲之體。斯二者。乃拳中萬式之基礎也。由第三章懶扎衣。至九十六章雙撞捶之式。爲太極流行之體也。又由無極發源之始說起。以至九十八章無極收式爲太極之式還原終。是爲上編之條目。

一下編標舉太極化生萬物之道。以掤攌擠按爲採挒肘靠各式之綱。以五行八卦十三式爲太極之用。又爲萬法之綱也。上編單獨練習。是全其體。下編對手。是全其用。以二人打手分甲乙上下之式各開門起點。進退伸縮。變化諸法。一一詳載。打手時。凡一動一靜。按此定法。不使紊亂。則此拳之全體大用功能。庶幾近於道矣。

一是編。上編一氣流行。一動一靜。分合上下。内外如一。謂之練體。爲知己工夫。下編二人打手。起落進退。左顧右盼。縱橫聯絡。變化無窮。謂之習用。爲知人工夫。古人云。知己知彼。百戰百勝。此之謂也。

一是編拳術不尚血氣。純任自然。不能傷其後天之力。專以善養人之浩然之氣爲主。

一是編專講究爲修身而作。凡我同胞。無論何界。男女老幼。皆可習之。身體過懦者。可以使之強。過剛者。可以使之柔。或有身體極弱。及有勞傷病症者。或因他種拳術。非血氣之力不能練習者。亦均可以練之。將氣質馴致中和。氣固而神自完。却病延年。可操左券。

一是編將拳中功用。名稱源流。動作次序。始末諸法。貫爲全編。一一說明。使學者。虛心研究。方知拳中一氣貫通之奥妙。

一是編。每一式各附一圖。使太極拳之原理及其性質。切實發明。以達太極拳之精神能力巧妙。因知各式互相聯絡。總合而爲一體。終非散式也。

一是編。雖粗淺之言。可以明拳術極深之理。簡約之式。可以通拳術至妙之道。

一附圖均用電照本像。使初學者可以按像模仿。虛心練習。久則玄妙自見。奇效必彰。世有同志者。余將馨香祝之。

凡例

上編太極拳目錄

下編太極拳打手用法

太極拳學全編終

第一章　無極學

無極者。當人未練拳術之初。心無所思。意無所動。目無所視。手足無舞蹈。身體無動作。陰陽未判。清濁未分。混混噩噩。一氣渾然者也。夫人生於天地之間。秉陰陽之性。本有渾然之元氣。但爲物欲所蔽。於是拙氣拙力生焉。加以內不知修。外不知養。以致陰陽不合。內外不一。陽盡生陰。陰極必敝。亦是人之無可如何者。惟至人有逆運之道。轉乾坤。扭氣機。能以後天返先天。化其拙氣拙力。引火歸原。氣貫丹田。於是有拳術十三勢之作用。研求一氣伸縮之道。所謂無極而能生太極者是也。一氣者即太極也。

十三勢者。掤攦擠按。採挒肘靠。進退顧盼定也。掤攦擠按。即坎離震兌四正方也。採挒肘靠。即乾坤艮巽四斜角也。亦即八卦之理也。進步。退步。左顧。右盼。中定也。即金木水火土也此五行也。合上述之四正四斜爲十三勢。此太極拳十三勢之所由名也。其中分爲體用。以太極架子。進退顧盼定言謂之體。以掤擴擠按採挒肘靠言謂之用。又或以五行謂之經。八卦謂之緯。總而言之。曰內外體用一氣而已。以練架子。爲知己功夫。以二人推手。爲知人功夫。練架子時。內中精氣神。貴能全體圓滿無虧。操練手法時。手足動作要在周身靈活不滯。　先達云。終朝每日長纏手。功久可以知彼知己。能制人而不爲人所制矣。

第一節　無極學圖解

起點面向正方。身子直立。兩手下垂。兩肩不可往下用力。下垂要自然。兩足爲九十度之形式。如圖是也。兩足尖亦不用力抓扣。兩足後根。亦不用力蹬扭。身子如同立在沙漠之地。手足亦無往來動作之節制。身心未知開合頂勁之靈活。但順其自然之性。流行不已。心中空空洞洞。

內無所思。外無所視。伸縮往來。進退動作。皆無朕兆。

第一節

無極圖

第二章　太極學

太極者在於無極之中。先求一至中和至虛靈之極點。其氣之隱於內也。則爲德。其氣之現於外也。則爲道。內外一氣之流行。可以位天地。孕陰陽。故拳術之內勁。實爲人身之基礎。在天曰命。在人曰性。在物曰理。在技曰內家拳術。名稱雖殊。其理則一。故名之曰太極。

古人云。無極而太極。不獨拳術爲然。推而及於聖賢之所謂執中。佛家之所謂圓覺。道家之所謂谷神。名詞雖殊。要皆此氣之流行已耳。故內家拳術。實與道家相表裏。豈僅健身體延年壽而已哉。

第一節　太極學圖解

起點兩手下垂。兩肩鬆開。右足尖向裏扭直。與左足成爲四十五度之形式。頭與右足向裏扭時。同時亦向左邊扭轉。兩眼向斜角看去。將心穩住。氣往下沉。腰用意塌住。要自然。不可用拙力塌勁。頭扭之時。要與心意丹田上下內外。如同一氣旋轉之意。舌頂上腭。穀道上提。如此則謂之轉乾坤。扭氣機。逆運先天眞一之氣。此氣名之曰太極。先哲云。太極卽一氣。一氣卽太極。觀此則聖賢仙佛。以及內家拳術。無不當有其極。無不當保其極。更應無所不用其極。不然而欲修至身體輕靈內外一氣。與太虛同體難矣。

第一節 太極圖

第三章 懶扎衣學圖解

先將兩手合向裏扭。扭至兩手心相對。兩手再徐徐同時一氣如抱着大圓球相似。兩手之距離遠近。順着自己的兩肩。向左斜角。自下邊往前。又往上邊起。兩手起時。與吸氣同時如同畫兩條弧線。畫至離丹田處。（即小腹二三寸許）

第一節　懶扎衣圖

第二節　懶扎衣學圖解

前式似停而未停之時。即將兩手。仍如抱着一圓球。靠着身子。與呼氣同時往回返畫弧線。此種呼吸不可有聲。右手畫至心口。與左手平直。身子仍直立。不可俯仰歪斜。兩腿於兩手返畫時。要同時徐徐往下灣曲。灣至裏曲圓滿。上下似半月形。腰要塌住勁。（昔人云以腰爲主宰。刻刻留意在腰間。是此意也。）兩腿裏根。同時往回縮勁。右足後根。極力往上蹬勁。語云。（勁起於脚根。亦此意）

也。頭亦極力往上頂勁。心要虛靈。將兩肩鬆開。再將氣力用意往回收縮。用神逆運於丹田。則心自然虛靈矣。

第二節

懶扎衣圖

第三節　懶扎衣學圖解

將前式亦似停而未停之時。左足再向左斜角邁去。足後根。似落未落地之時。兩手再從心口。前後着徐徐一氣。向左斜角伸去。伸至極處。兩肩亦同時往回縮勁。即是鬆開兩肩兩股前節要有力。以上蹬頂伸縮。皆是用意。不要用拙力。先哲云。虛靈頂勁是也又云。不丢不頂。引進落空。是打手用法之意。不在此例。右足於兩手伸時。亦同時向前跟步。足尖着地。離前左足二三寸許。停住。左足於右足邁時。亦漸漸滿足着地。兩手仍如同抱着圓球相似。兩眼隨着兩手當中看去。

第三節

懶扎衣圖

第四節　懶扎衣學圖解

外形式似停。而內中之氣不停。兩肩裏根與兩腿裏根。即速均往回縮勁。腹內要圓滿虛空。神氣以意逆運至丹田。（神氣收歛入骨是此意也）再將兩手。一氣往右邊。如畫平弧線。右手畫至與右肩平直。左手心與右胳膊裏曲相齊。左足尖仰起。足後根着地。如羅絲軸之意。左足尖。與身手。同時向右邊旋轉。右足根。亦同時徐徐着地。兩眼望着右手看去。不可停住。

第四節　懶扎衣圖

第五節　懶扎衣學圖解

再將右足往前邁去。足後根着地。隨即將兩手一氣着。於右足往前邁時。同時如轉一圓圈相似。轉至兩手心向外。左手心。離着右手裏腕。二三寸許。兩手再一氣。往前推去。兩胳膊略灣曲點。左足於兩手。向前推時。同時跟步。足尖着地。離右足二三寸許。右足尖。亦同時往下落地。兩足尖均對斜角。兩眼仍看前右手。微停。腹內要虛空。即是鬆靜舌頂上腭。穀道上提。腰要塌勁。足蹬勁。頭頂勁。古人云腹內鬆靜氣騰然。尾閭正中神貫頂。滿身輕利頂頭懸。是此意也。兩肩。兩腿。裏根縮勁。仍如前。亦皆是用意。不是用拙力。以後做此。自起點。至五節。要一氣流行。不惟五節如此。由始至終。亦要周身節節貫串。勿令絲毫間斷。學者不可忽也。

第五節

懶扎衣圖

第四章　開手學圖解

卽將兩手如同抱着氣球內中之氣。亦如同往外放大之意。兩手大指。離胸前一二寸許。平着往左右分開。開至兩手虎口。與兩肩尖相對。兩手五指。具張開。微停。

第一節　開手圖

第五章　合手學圖解

卽將右足尖仰起。足後根着地。亦如同羅絲軸旋轉之意。向着左邊扭轉。扭至足正直。身子扭轉要一氣。不可有忽起忽落。間斷之形式。勁要和平。不可有努力乖戾氣象。再兩手於右足扭時要同時。亦如同抱着氣球。往回縮小之意。往一處合。合至兩大手指相離寸許。兩手心空着。仍如同抱着圓球相似。兩腿要灣曲。右足着地。左足後根欠起。足尖着地。停住。兩眼看兩手當中。身體動作。陰陽要得宜。手足扭轉開合要自然。周身不可有一毫勉強之力。

第一節合手圖

第六章　單鞭學圖解

先將兩手腕往外扭。再從心口橫平着。如搬長竿。往左右徐徐分開到極處。兩手心朝外。兩手掌直立。兩手指與眼相平。兩眼看右手食指梢。左足當兩手分開之時。亦同時往左邊邁去。斜橫着落地。右足橫直着。左膝與左足根成一垂線。兩腿裏曲要圓滿。不可有死灣子。身子仍要直。兩肩要鬆開。兩腿裏根亦要鬆開縮勁。兩肩兩腿裏根均鬆開。腹即

第一節　單鞭圖

能鬆開。腹鬆開。氣即能收斂入骨。神舒體靜。腹內之氣。不可驟然往下壓力。要以意運氣。徐徐下注於丹

田。道德經云。綿綿若存。亦是此意也。

第七章　提手上式圖解

先將全身重心。移在左腿上。腰塌住勁。隨後將左手。手心朝外着。如畫上弧線。畫至手背靠着頭天庭處停住。右手與左手同時。亦如畫下弧線。畫至大指根。靠着丹田氣海處（即小腹）停住。右足亦與兩手同時往左腿處合併。兩腿似挨未挨。足尖落地。與左足尖相齊。兩足相離半寸許。兩腿彎曲似半月形。身子仍直着穩住。兩肩兩腿裏根。於兩手兩足動時。具要鬆開。腹亦鬆開。內中之氣。

第一節　提手上式圖

不可用壓力往下。沉要以神貫注。身子形式雖停。而意仍未停。再換式。總要一氣貫串。學者不可不知。

第八章　白鵝亮翅圖解

再將左手從頭部往下落。落至心口下邊。肘靠着脇。太指根靠着腹。停住。右手腕往外扭。扭至手心朝外。從小腹處與左手同時。自左手外邊往上起。起至頭部。手背靠着天庭處。右足與兩手同時。往前邁步。足後根着地。兩足之距離。在自己酌定。右足落地時。身子直着。不能移動重心爲至善處。腰塌住勁。兩肩兩腿

第一節

白鵝亮翅圖

裏根。皆用意往回縮勁。然不可顯縮。頭頂不可顯頂。心中虛靜空空洞洞。要無所朕兆。不着意思。自然穩住。方爲神妙。

第二節 白鵝亮翅圖解

再將右手大指根。離着右邊臉面。似挨未挨着。從頭處往下落。落時肘要直着往下墜。左手從心口下邊。於右手往下落時。同時靠着身子微微往上起。起至心口。與右手相齊。

第二節

白鵝亮翅圖

兩手大指。相離寸許。右足與兩手起落時。足尖徐徐着地。將重心移在右腿上。左足後根。與右足尖落地時。亦同時欠起。往前跟步。跟至右足根後邊。仍足尖着地。腰塌住勁。兩手與身子一氣着。徐徐往前推。推至兩胳膊似曲非曲。似直非直。兩眼看兩手當中。停住。

第九章　開手學圖解

（見第四章開手學圖）

第十章　合手學圖解

（見第五章合手學圖）

第十一章　摟膝拗步學圖解

先將左手五指往右邊落。再從心口右邊。往下斜着摟一弧線。摟至左胯處。大指二指撐開如半月形。大指離胯一二寸許。左足與左手摟時。同時往左邊斜着邁去。足後根着地。右手與左手五指往右邊落時。手心仍朝裏着。與開手式相似。同時往右邊開去。開至大指與右肩相平。

再卽速將食指梢從右口角寸許。往左邊推去。推至胳膊似直非直。似曲非曲。食指梢與口相平。右足與右手。同時往前邁步。邁至左足脛骨前落下。足尖着地。左足俟右足邁時。足尖徐徐點着地。兩眼仍看前手食指梢。腹內俟左手摟時。卽速鬆開。以上皆是用神氣貫注。不可用拙力。身子仍直着。重心移在左腿上。式微停。而內中之意仍不斷。腹內鬆開時。如同手提紗燈。從頂直着往下按。按至形式圓滿。內裏虛空着。圓滿喻周身無虧。虛空喻腹內鬆開之意。雖然譬喻。總在學者。神而明之也。

第一節

左式

摟膝拗步圖

第十二章　手揮琵琶式學圖解

先將兩手五指具伸直。手虎口朝上着。右足卽速再往後撤步。足尖着地撤步之遠近。不移動重心爲至善處。隨卽將右手往回拉。拉至心口前停住。左手與右手往回拉時。同時往前伸去至極處。左足亦同時往後撤。撤至右足前邊。足後根與右足相離半寸許。足尖着地停住。右足後根。亦與左足往回撤時着地。惟是身子往回撤時。神氣穩住。不偏不倚。腹內鬆靜。周身輕靈。如同懸空之意。內外要一氣着往後撤。不可散亂。練者宜深思之。

第一節

左式

手揮琵琶式圖

第十三章　進步搬攔捶學圖解

先將左手往左脇摟。左足於左手摟時。同時往前邁步。右手同時手心向上。從左手下面向前伸至極處。隨後右手往右脇摟。右足亦同時往前邁步。式子不要停。再將左手往前出去。又往下扣。如同扣人的手相似扣去。左足仍與左手扣時。同時往前邁步。右手握上拳。從右脇與左手往下扣時。即速往左手腕上邊。直着打出去。拳與心口平。左手背朝上着。與右手往前出時。同時往心口裏來。左手裏腕靠着心口。右足與右手出去時。亦同時跟步。離左足

第一節
搬攔捶圖

後根一二寸許。停住。兩眼看右手食指中節。身體形式如圖是也。右拳往前打時。兩肩不可往下硬垂勁。兩肩兩胯裏根及腹內。仍是鬆開。精神貫注。身式要中正。意氣要和平。而不可乖謬。

第十四章　如封似閉學圖解

先將右手往回抽。左手與右手往回抽時。從右胳膊下邊挨着。同時往前伸去。兩手一抽一伸。至兩手相齊爲止。兩手腕均向外扭勁。扭至兩手心朝外。右足於右手抽時。亦同時往後撤步。撤至兩足相離遠近。量自己身子高矮而定。足落地時。總

第一節

如封似閉圖

不移動周身的重心。爲至善處。隨後兩手與左足撤時。同時往回抽。兩大指相離寸許。抽至心口。輕輕靠住。左足撤回時足尖着地。足後根離右足寸許。兩腿裏曲要圓滿。似半月形。如圖是也。但是身子往回撤時。要一氣着。身子如同立在船上。面向西着。船往東行。要一氣撤回。身子要平穩。不可忽起忽落。高矮要一律。

第十五章　抱虎推山學圖解

第一節　抱虎推山圖

再將兩手心朝外着。一齊往前推去。與心口平。兩胳膊似曲非曲。似直非直。兩眼看兩手當中停住。左足

與兩手往前推時。同時極力往前邁步。右足亦隨後緊跟步。離左足一二寸許。身子高矮與前式仍是一律。勿散亂。腰要塌住勁。又要鬆開勁。周身內外之氣與勁。仍如前鬆沉。兩手兩腿及身形式樣。如圖是也。外形雖微停。而內中之意不可止。是在學者意會之。

第十六章　開手學圖解

即將左足尖仰起。足後根着地。亦同螺絲軸旋轉之意。向着右邊扭轉。扭至左足正直。身子扭轉亦總要一氣。不可有忽起忽落。間斷之形式。勁亦要和平。不可有努力乖戾之

第一節

右轉開手圖

氣象。再兩手與左足扭時。如同抱着氣球內中之氣。往外放大之意。兩手大指離胸前一二寸許。平着分開。開至兩手虎口。與兩肩尖相對。兩手五指具張開。微停。

第十七章　合手學圖解

兩手同時再往一處縮窄。兩手相離。兩腿灣曲。兩眼看處。身體動作。均與第四章第五章開合形式相同。但彼式身子是向左轉。是右足轉。此式身子是向右轉。是左足轉。因身足略有分別。故又另作此二圖也。

第一節

右轉

合手圖

第十八章 摟膝拗步學圖解

先將右手五指往左邊落。再從心口左邊。往下斜着摟一弧綫。摟至右胯處。大指二指撐開。如半月形。大指離胯一二寸許。右足與右手摟時。同時往右邊斜着邁去。足後根着地。左手與右手五指往左邊落時。手心仍朝裏着。與開手式相似。同時往左邊開去。開至大指。與左肩相平。再即速將食指梢從口角寸許。往右邊推去。推至胳膊似直非直。似曲非曲。食指梢與口相平。左足與左手同時往前邁步。邁至右足脛骨前落下。足尖着地。兩眼

第一節

右式

摟膝拗步圖

仍看前手食指梢。腹內之氣。塌腰鬆膽。一切神氣。均與第十一章相同。

第十九章　手揮琵琶式學圖解

先將兩手五指均伸直。手虎口朝上着。左足即速再往後撤步。足尖着

第一節

右式

手揮琵琶式圖

地。隨即將左手往回拉。拉至心口前停住。右手與左手往回拉時。同時往前伸去至極處。右足亦同時往後撤。撤至左足前邊。足後根與左足相離半寸許。足尖着地停住。左足後根。與右足往回撤時。足後根亦着地。但身子往回撤時。內外之神氣輕靈。一切皆與第十二章相同。

第二十章　懶扎衣學圖解

身體動作。兩手轉圈。兩足起落。腹內一切之勁性情意。皆與第三章懶扎衣。第五節式相同。不再贅述。（懶扎衣圖見第三章懶扎衣第五節圖）

第二十一章　開手學圖解

（開手圖見第四章開手圖）

第二十二章　合手學圖解

（合手圖見第五章合手圖）

第二十三　單鞭學圖解

（單鞭圖見第六章單鞭圖）

第二十四章　肘下看捶學圖解

將左手仍用掌。往前極力用意伸住。腹內亦用神氣貫注。身子不可有一毫俯仰之形。隨後將右手握上拳。胳膊如同籐子棍曲回。靠着脅拳從臍處往前左肘伸去。右足與右手伸時。同時往前邁步。至左足裏邊當中落下。足尖落地。兩足相離半寸許。兩手同時往前伸住。兩肩與兩胯裏根。亦用意往回縮住。伸縮總要一氣。似停而未停之時。即將右足往回撤。足尖着地。左足隨後亦往回撤。撤至右足前邊落下。兩手仍伸住。不可移動。兩足往後撤時。身子之形式。各處之勁。虛靈之情。兩足相離之遠近。均與第十二章。手揮琵

第一節

肘下看捶圖

琶式相同。

第二十五章　倒輦猴左式學圖解

先將左手往胸前處來。大指至胸前二三寸許。將手心往下扣。右手於左手往胸前來時。手心朝上着。同時往右邊斜着往下落。右足亦於兩手扣落時。同時將足尖欠起。足後根着地。如螺絲之意往裏扭轉。扭至足尖或正直或微往裏扣着點。足尖落地。再將左手從心口斜着往左邊摟一弧線。大指二指撐開。如半月形。摟至大指離左胯一二寸許。左足與左手摟時。同時亦斜着往左邊邁步。足後根落地。再將右手手心向上着。往上擡起。起至與右肩相平。手心再向裏着。五指具張開。食指梢從右口角往前推去。兩手之曲直。皆與摟膝拗步相同。右足亦與右手往前推時。同時往前跟步。跟至左足中間。相離四五寸許落下。足尖着地。兩足之形式。如圖是也。此式自兩手兩足。動作始末。要一氣串成。內中並無間斷。如同圓球滾一周圈。無有停滯之意。內中之氣。自胸至丹田。與坐功坐至靜極時。腹內如空洞相似。周身之神氣。全注於丹田沉住。故內家拳與丹學。實相表裏。內中之氣。誠有確據。並非空談。實地練習。功久自知。

第一節
左式
倒輦猴圖

第二十六章　倒輦猴右式學圖解

先將左足尖欠起。足後根亦如螺絲之意。往裏扭轉。足之形式。與左式轉右足後根之形相同。再將右手往右邊斜着摟一弧線。大指二指撑開。如半月形。摟至大指離右胯一二寸許。再將左手心向上着往上擡起。起至與左肩相平。手心再向裏着。五指張着。食指梢亦從左口角往前推去。兩手之形式。兩足之距離。周身之動作。內外之氣勁。均與左式相同。左右循環之式。數之多寡。各聽其便。不拘一定。

第一節

右式

倒輦猴圖

第二十七章　手揮琵琶式學圖解

（右式手揮琵琶式圖見第十九章手揮琵琶式圖）

第二十八章　白鵝亮翅學圖解

（白鵝亮翅圖見第八章白鵝亮翅圖）

第二十九章　開手學圖解

（開手圖見第四章開手圖）

第三十章　合手學圖解

（合手圖見第五章合手圖）

第三十一章　摟膝拗步學圖解

（左式摟膝拗步圖見第十一章摟膝拗步圖）

第三十二章　手揮琵琶式學圖解

（左式手揮琵琶式圖見第十二章手揮琵琶式圖）

第三十三章　三通背學圖解

先將右手往後畫一弧線至頭頂不可停住。再從頭頂。與前要一氣着往下按。按至兩腿當中離地七寸上下停住。左手於右手往後畫時。同時往回抽。在左胯上左脅下邊。手心朝裏葬住。再將左足於右手往下按時。同時往後撤。撤至足後根與右足後根。似挨未挨之意。足後根欠起。足尖着地。兩腿微微灣曲着。兩胯裏根用意縮住勁。腰亦仍用意塌住。兩眼看右手食指根節。腹內亦

第一節　三通背圖

仍收斂神氣於骨髓。身子雖有曲折之形式。而腹內總要含有虛空鬆開之意。無相挨之情形。

第二節 三通背學圖解

再將右胳膊往上檯起。起至手背靠着頭正額處。身子亦同時直竪起。又將左手虎口朝上着。同時於脅下住前伸直。手虎口仍朝上着。與心口相平。左足與兩手同時。極力往前邁去。兩足相離之遠近。隨人之高矮。總要兩腿灣曲着。不移動重心。爲至善處。兩眼順着。左手食指梢看去。將神氣沉住。且將內外開合。須

第二節

三通背圖

要分明。虛實動靜。務要清楚。不可有一毫之混淆。使內中之神氣。散亂不整耳。

第三節　三通背學一式圖解

先將兩足與身子並腰。如螺絲形。（卽研勁）從前邊往右轉。扭轉至面向後邊。兩手亦與身轉時。同時右手從頭處。往右後邊又往前往下斜着落去。如畫弧線。畫至極處。手與肩相平直。手虎口朝上着。又左手心朝裏着。亦同時從左邊。亦如畫弧線至頭處。從頭處往前往下落去。畫至極處。手虎口亦朝上着。亦與左肩相

第三節

一式　三通背圖

平直。兩手心斜對着。兩眼看兩手當中。兩足仍未離地基。兩足之形式。與本章二節圖。左作右。右作左。兩相互換之式同。兩手之勁同時往前伸。兩肩亦虛空着往回縮。腰中之勁。微有往下塌之意。是取虛空之意也。周身內外之勁。神氣收斂。氣往下沉。仍如前。周身之形式。如圖是也。

第三節　三通背學二式圖解

再將左足。先往後微墊步。兩胯裏根並兩肩。極力往回縮住。再將右足極力往後撤。撤至左足後邊。斜着落下。如半八字形式。兩足之遠近。仍隨人之高矮勿拘。兩手再從前邊。如揪虎尾之意。徐徐落在兩胯裏根。左足與兩手往回揪落時。同時亦往回撤。撤至足後根。在右足當中。二三寸落下。足尖着地。身子與兩手往回揪時。亦徐徐往上起。頭要往上頂。身子雖然起直。兩腿總要有點灣曲之形。腹內之氣。仍要縮回丹田。

第三節
二式
三通背圖

腰仍要往下塌住勁。一切之伸縮頂塌揪。等等之勁。亦皆是用意。不要用拙力。

第三節　三通背學三式圖解

再將兩手同時。靠着身子往上起。至心口上邊。再往上又往前伸去。到極處勿停。左足亦與兩手伸時。同時往前邁步。足尖往外斜着落下。亦如半八字形。兩足相離之遠近。身子仍不動。極力往前邁步。不能移動重心爲妙。再將兩手又往下落。仍到兩胯裏根處。右足與兩手往下落時。同時往前邁去。至左足前邊。足直着落下。足尖着地。兩足距離之遠近。仍要身子不起不落。不俯不仰。不能移動重心之情形。再將兩手仍靠着身子往上起。至心口上邊往前推去。兩手推法。與第三章懶扎衣五節式相同。右足與兩手推時。同時往前邁去落地。左足之跟步。兩手之推法。兩足之距離。亦同懶扎衣五節式相同。一二三節之式。練時不可有凹突處。不可有續斷處。總要節節相貫。一氣串成。最為要着。

第三節
三式
三通背圖

第三十四章　開手學圖解

(開手圖見第四章開手圖)

第三十五章　合手學圖解

（合手圖見第五章合手圖）

第三十六章　單鞭學圖解

（單鞭圖見第六章單鞭圖）

第三十七章　雲手學圖解

先將左手從左邊胳膊靠着身子。往右邊畫一下弧線。至右胳膊裏根處。似停而未停。左足於左手畫弧線時。同時微往左邊邁去落地。足尖仍往左邊斜着點。

第一節　雲手圖

第二節　雲手學圖解

再將右手從右邊胳膊靠着身子。往左邊畫一下弧綫。至左胳膊裏根處。似停而未停。左手再從右胳膊裏根處。與右手往下落時。同時往左邊。畫一上弧綫。從眼前邊。畫至左手原起處。似停而未停。右足於右手畫時。同時足尖仍往左邊微斜着點。邁去。兩足相離二三寸許落下。兩足之形式。足尖仍向左邊斜着點。再右手往右邊畫時。仍如前。左足再往左邊邁去之形式亦如前。惟左足落地之遠近。隨人之高矮。仍不能移動重心為至善。兩手兩足循環

第二節
雲手圖

之式。仍如前兩手之形式。如同兩個套環圈相似。循環不已。數之多寡自便。但雲手時。腰極力塌住勁。身子微有往下坐之形式。左手往右。隨着往右。右手往左。隨着往左。要與兩胳膊一氣。隨着搖動。外形雖然搖動。而腹內之鬆空。及神氣注於丹田。與動作虛靈。並各處之勁。亦仍然如前。

第三十八章　高探馬學圖解

仍再接雲手式。兩手從左邊往右邊雲時。左手到心口處。胳膊靠着身子。右手亦仍到原起處。左足隨着兩手往右邊雲時。同時往回來。落地離右足一二寸許。與右足成一丁字形式。右手再從上邊往下落。仍如畫下弧線。到右胯處不停。即速往上抬起。手與心口相平直。胳膊似曲非曲。似直非直。左手仍在心口前邊。兩手心具朝裏着。右足於右手往上抬時。同時斜着往前邊邁去落下。足尖着地。足後根離左足一二寸許。兩足仍成爲丁字形式。身子高矮。與前仍一律着。兩腿亦仍微曲着點。身式似停而未停。

第一節 高探馬圖

第二節 高探馬學圖解

第二節 高探馬圖

卽速將左手往裏扭。扭至手心朝上。右手與左手同時。亦往外扭。扭至手心朝下。兩手如同抱着一大圓球相似。兩手心上下相離三四寸許。兩手離心口一二寸許。兩足尖與兩手扭時。亦均向左邊扭。扭至兩足正直。或足尖微向左邊斜着點亦可。不必拘泥。右足尖仍着地。

第三節　高探馬學圖解

再即速將兩手腕往外擰。擰至兩手之形式。如第五章合手式相同。惟

第三節　高探馬圖

身體之形式如前。一切之神氣與勁。亦仍如前式微停。而意仍未停。凡各式。外面雖有停之形式。而內中之意仍未停。以後均做此。

第三十九章　右起脚學圖解

再將兩手如單鞭式分開。右足與兩手分開時。同時踢起。起至與右手相交。兩眼望着右手看去。腰微往下塌。腹內鬆開。氣亦要往下沉。式不停。即速將足落回原處。滿足着地。兩手於右足落時。同時往一處合。形式與第五章合手式相同。左足後根。亦即速抬起。足尖着地。眼亦扭向左邊看。式微停。

第一節

右起脚圖

第四十章　左起脚學圖解

卽速將兩手如右式分開。左足踢起。亦與右足踢起相同。手足相交亦相同。又卽速將左足落回原處。足尖仍着地。兩手亦往一處合。形式如右式。又卽將右足並身子。微向左轉。兩眼往左邊正面看去。式微停。

第一節

左起脚圖

第四十一章　轉身踢脚學圖解

再將左足踢起。兩手分開。手足相交。兩眼看處。腹內之神氣。皆與四十

章式相同、

第四十二章　踐步打捶學圖解

即將左足極力往前落地。兩足相離遠近。隨人之高矮。落地足尖往外斜着。左手於左足落時。同時再往下邊左胯處摟回停住。再將右足往左足前邊邁去。落地之時。足尖亦往外斜着點。兩足之距離。亦隨人之高矮勿拘。右手於右足邁時。同時從後邊往右耳處不停。再從右臉前邊一氣着往下摟去。至左胯處停住。左足再往前邁去落地。足尖直着。兩足之距離。仍隨人之高矮。左手於左足邁時。同時從左胯處往上起。起至臉前。再往下摟至左胯處。如前停住。再右手握上拳。於左手摟時。同時從右胯處往後邊如畫圓弧綫。從耳傍再往前往下。從兩腿之中間打下去。至左膝下邊停住。兩眼看右手。右手往下打時。身子隨着往下灣曲。腰總要極力塌住。腹內亦極力鬆開。身體之形式。如圖是也。以上摟手落足。邁足。均要一氣着。學者宜細悟之。

第一節

踐步打捶圖

第四十三章　翻身二起學圖解

先將左足往裏扭。扭成半八字形。即速將右手。於左足往裏扭時。同時從前邊往後邊。如畫上弧線。從頭頂前邊過去。身子亦一氣隨着往右邊扭轉。再右手從頭頂前邊。往下落時。右足同時微往前邁步落地。足尖朝外斜着。亦如半八字形。左手於右手往下落時。亦同時從左胯處往上起。再從左臉處往心口前邊摟下去。仍摟至左胯處停住。左足於左手往上起時。同時極力往前邁步。邁至右足前邊落下。足尖朝外斜着。仍如半八字形式。兩足之距離。亦隨人之高矮。再右手落到右胯處。不停。於左手往下摟時。同時自右胯處往上來。手腕往外扭着。如畫一小圓圈之意。至右口角處。手心朝外。不停。右足再從後邊提起往前踢去。右手於右足往前踢時。同時從口角處。往前出去。望着右脚面拍去。手足相交之式。手足高矮與心口相平。式不停。即將右足撤回。撤至左足後邊來。足尖對着左足後根。足尖着地。右手不回來。仍直伸着。再左手於右足往後撤時。同時往前邊出去伸直。右手仍在前。左手仍在後。兩手心具朝裏斜對着。腰微往下塌勁。微停。身之形式。如圖是也。自扭足。翻身。摟手。踢足。至塌腰。是一氣呵成。不可間斷。

第一節

翻身二起圖

第四十四章　披身伏虎學圖解

先將左足極力撤回。至右足後邊。落地仍是半八字形式。再隨即將兩手同時一氣着往下往回拉。拉時之情形。兩手如同拉一有輪之重物。拉着非易亦非難之神氣。身子又徐徐往上起。頭亦有往上頂之形式。身子雖然往上起。而內中之氣。仍然往下沉注於丹田。所以拳中要順中有逆。逆中有順也。身子往上起爲順。氣往下沉則爲逆矣。再右足於兩手往回拉時。同時往回撤。撤至左足處一二寸許落下。足後根對着左足當中。兩手拉回時不停。再一氣着從左胯處。往後邊輪一圓圈至前邊。落在小腹處。亦不停。卽將兩手腕往外撑。又往下塌。兩手梢往上仰起。兩手之形式。如第五章合手圖式。左足與兩手往下輪落時。同時將足往裏扭。足尖着地。右足與兩手往下塌時。同時略抬起。足尖朝外斜着落下。仍如半八字形式。兩腿灣曲如翦子股形式。左膝微靠着右腿裏曲。身子與兩手腕往下塌時。

第一節

披身伏虎圖

腰亦同時往下塌。身子仍直着。式微停。兩眼往前看去。周身內外之神氣如前。身體之形式。如圖是也。

第四十五章　左踢脚學圖解

先將兩手如單鞭式分開。左足於兩手分時。同時往正面踢去。手足相交之形式。並神氣與第四十一章轉身踢脚之形式相同。（左踢脚圖見四十章左起脚圖）

第四十六章　右蹬脚學圖解

左足不落地。即速將腿曲回身子向右轉。左足落在右足後邊。落地足横着。或往裏扣着點。不拘。兩手與身子向後轉時。同時往一處合併。形式亦與合手式相同。右足亦於身子向後轉時同時足後根欠起。足尖着地。身子轉過來再蹬脚。（右蹬脚圖見三十九章右起脚圖）

第四十七章　上步搬攔捶學圖解

即將右足落在前邊。足尖向外斜着。如半八字形落下。兩足之遠近。仍隨人之高矮。惟是神氣身形不可過。亦不可不及。再往前上左步。後右足緊跟步。左手往下摟。右手挽回右脅。再往前打去。此式與第十三章。進步搬攔捶。上下內外均皆相同。但前章之進步搬攔捶。係進三步。此是上左一步。故有進上搬攔捶之分別耳。（上步搬攔捶圖見十三章搬攔捶圖）

第四十八章　如封似閉學圖解

（如封似閉圖見第十四章如封似閉圖）

第四十九章　抱虎推山學圖解

（抱虎推山圖見十五章抱虎推山圖）

第五十章　右轉開手學圖解

（右轉開手圖見第十六章開手圖）

第五十一章　右轉合手學圖解

（右轉合手圖見第十七章合手圖）

第五十二章　摟膝抝步學圖解

（摟膝抝步圖見第十八章摟膝抝步圖）

第五十三章　手揮琵琶式學圖解

（手揮琵琶式圖見第十九章手揮琵琶式圖）

第五十四章　懶扎衣學圖解

（懶扎衣圖見第三章五節懶扎衣圖）

第五十五章　開手學圖解

（開手圖見第四章開手圖）

第五十六章　合手學圖解

（合手圖見第五章合手圖）

第五十七章　斜單鞭學圖解

即將左足往斜角邁去。兩手分開。及身之形式。仍與第六章。單鞭式相同。

第五十八章　野馬分鬃學圖解

先將左足極力往後邊撤落地。足尖往外斜着。左手於左足往後撤時。同時往下落至小腹處。從小腹處。再往上起。至心口右邊。從心口右邊。再往上起。至眼前頭。再從眼前頭。仍往左邊落下去。如畫一圓圈形式。右手挨左手畫到心口右邊時。亦往下落至小腹處。從小腹至心口左邊。從心口左邊。再往上起。至眼前邊。從眼前邊。仍往右邊落下去。亦如畫一圓圈形式。再右足亦於右手。從小腹處往上畫時。同時往左足處來。足尖往裏合着點落下。足尖着地兩足之距離四五寸許。如圖是也。式不停。即速再從左足處。與右手往下落時。同時斜着往右邊邁去。落地足尖往外斜着。又兩手在前邊。手心朝外着。如同兩個圓圈相套之形式。如∞是也。再將左足往前極力斜着。如返弧線形式邁去。如是也。落地足尖仍往外斜着。左手仍與左足同時。如前畫一圓圈。右足俟左足方落地時。亦往前直着極力邁去。落地足尖往裏扣着點。右手於右足邁時。亦如前畫一圓圈形式。兩手仍如前兩圈相套之形式。但畫第二個套圈時。右手畫到心口右前邊。左手畫到心口左後邊。即速往右手腕去。兩手與右足往前邁時。同時往前如第三章五節懶扎衣式推去相同。左足亦於兩手推時。同時亦往前跟步。落地兩足相離之遠近。及一切之勁。仍與第三章五節懶扎衣式相同。微停。

第一節 野馬分鬃圖

第五十九章 開手學圖解

（開手圖見第四章開手圖）

第六十章 合手學圖解

（合手圖見五章合手圖）

第六十一章　單鞭學圖解

（單鞭圖見第六章單鞭式圖）

第六十二章　右通背掌學圖解

第一節

卽將左手從左邊。往上如畫一上弧線。畫至頭處。手背緊靠正額處。身子往右轉。左足於左手往上畫時。同時如螺絲形往裏扣。如半八字形式。右足亦同時。如螺絲形往外扭。足尖往裏扣着點。兩足仍不離原地。右手於左手往上畫時。極力虛空往前伸勁。兩眼順着前右手食指看去。兩肩裏根。並兩胯裏根。亦同

右通背掌圖

時極力虛空着。往裏收縮。收縮之理。喻地之四圍皆高。當中有一無底深穴。四面之水。皆收縮於穴中之意。是在學者體察之。

第六十三章　玉女穿梭學圖解

將右手往回抽。抽至裏手腕到心口處。左手於右手往回抽時。同時手腕往裏擰着往下落。落至右手梢上邊。手心朝裏着。兩肘靠着脅。右足於兩手抽落時。同時亦略往回來。

第一節

玉女穿梭圖

落地足尖往外斜着。如半八字形式。兩腿要略彎曲點。兩眼順着左手看去。不停。

第二節　玉女穿梭學圖解

再將左手腕。往外擰着。往上翻起。手背靠着正額處。左足於左手往上翻時。同時再往斜角極力邁去。右足於左足邁時。隨後緊跟步。落地兩足相離二三寸許。右手在心口處。與左手翻時。並左足邁時。要與身子一氣。有往前推去之意。胳膊靠着身子。手略往前推出去。不必太遠。

第二節

玉女穿梭圖

第三節　玉女穿梭學圖解

即速將左足。極力往裏扭扣。再將左手。於左足往裏扣時。同時往下落。

落至裏手腕到心口處。再右手於左手往下落時。同時手腕往裏擰。又往上起。起至左手梢上邊。手心朝裏。兩肘仍靠着身子。與左足扣時。一氣着往右轉。再將右手腕。往外擰着往上翻起。手背亦靠着頭正額處。

第三節
玉女穿梭圖

右足於右手往上翻時。同時往斜角極力邁去。左足於右足邁時。隨後亦緊跟步。落地兩足相離二三寸許。左手在心口處。與右手翻時。並右足邁時。同時亦與身子一氣着。如同往前推去之意。胳膊仍靠着身子。手略往前推出去。不可太遠。

第四節　玉女穿梭學圖解

再將右足略往前邁去。即將右手。於右足邁時。同時往下落至心口處。左手於右手往下落時。同時往裏擰。又往上起。起至右手梢上邊。手心朝裏。兩肘亦緊靠着脅。形式與本章第一節相同。再左足斜着往左邊邁去。左手腕往外擰着往上翻起。右足跟步。兩足相離遠近。及一切之形式。並神氣意。亦皆與本章第二節相同。（第四節玉女穿梭圖見本章第二節圖）

第五節　玉女穿梭學圖解

再將身子向右轉。形式兩足兩手動作。並一切之勁。亦皆與本章第三節式相同。但前三節。右足是往斜角邁去。此式右足是往正面邁去。以上練法雖分五節。其理前後。亦皆是一氣串成。（第五節玉女穿梭圖見本章第三節圖）

第六十四章　手揮琵琶式學圖解

先將左足極力往後撤。兩足落地之遠近。隨乎人之高矮不拘。再將右手從頭處。於左足撤時。同時斜着往前往下落去。胳膊伸直。與心口平。左手與右手同時。亦往前伸。左足往後撤時。右足隨着亦往後撤。兩手並兩足落地遠近。及身法。均與第十九章。手揮琵琶式相同。（手揮琵琶式圖見第十九章手揮琵琶式圖）

第六十五章　懶扎衣學圖解

（懶扎衣圖見第三章懶扎衣五節圖）

第六十六章　開手學圖解

（開手圖見第四章開手圖）

第六十七章　合手學圖解

（合手圖見第五章合手圖）

第六十八章　單鞭學圖解

（單鞭圖見第六章單鞭圖）

第六十九章　雲手學圖解

（雲手圖見第三十七章雲手圖）

第七十章　雲手下勢圖解

雲手不停式。將右手雲到心口左邊時。身子往左轉正。左手與身子轉時。同時往下落。如畫弧線到小腹處不停。大指根靠着身子往上起。再右手於左手往上起時。同時略往前伸去點。左手再從右手上邊將左手中指蓋於右手食指上。再兩手前後分開。左手往前推去。伸直與心口平。右手往後拉至左胯處。大指靠住。兩手前後分時。身子直着。同時

第一節

雲手下勢圖

徐徐往下矮去。腰要塌住勁。左足亦於兩手分時。同時往前邁步。足後根着地。兩足相離遠近。亦隨乎人之高矮。兩腿均要灣曲。右腿作爲全體之重心。兩眼望着左手看去。腹內鬆開。手足肩胯。亦不要着力。如圖是也。

第七十一章　更鷄獨立學圖解

將右手從右胯處胳膊似曲非曲。似直非直。往前往上畫一弧線。畫至手梢與頭齊。手梢朝上。大指離臉二寸許。身子於右手畫時。同時往上起。右腿極力與右手同時往上抬起。足尖要往上仰着。足後根往下蹬

第一節　右式

更鷄獨立圖

着。腰亦往下塌勁。頭項穩住。心中虛空用意往上頂勁。兩肩亦要用意往下縮勁。胳膊肘與膝相離二三寸許。左手於右手往上畫時。同時如畫下弧線。往下落至左胯處。手梢朝下。兩眼略用意往上看手梢。式微停。

第二節　更鷄獨立學圖解

先將右足略往前往下落去。腿仍曲着。身子直着。隨着右腿落時。腰塌住勁往下矬去。右手與右足落時。同時從頭處往下落。亦如往下畫弧線。右手落至橫平時不停。再左手從左胯處。如本章第一節。右手往上起畫一弧線相同。亦畫至手梢與頭齊。手梢朝上。大指離臉二寸許。左腿於左手往上畫時。同時極力往上台起。亦如本章第一節。右腿抬起相同。再右手落至橫平時。於左手往上起時。同時往下落至右胯處。手梢朝下。兩眼微用意往上看左手梢。再頭手足肩胯。並身子起落。均與本章第一節式相同。式微停。再換式。左右不拘數。勿論數之多寡。總要練至左式爲止。

第二節 左式 更雞獨立圖

第七十二章 倒輦猴學圖解

（倒輦猴圖見第二十五章倒輦猴圖）

第七十三章　手揮琵琶式學圖解
（手揮琵琶式圖見第十九章手揮琵琶式圖）
第七十四章　白鵝亮翅學圖解
（白鵝亮翅圖見第八章白鵝亮翅圖）
第七十五章　開手學圖解
（開手圖見第四章開手圖）
第七十六章　合手學圖解
（合手圖見第五章合手圖）
第七十七章　摟膝抝步學圖解
（摟膝抝步圖見第十一章摟膝抝步圖）
第七十八章　手揮琵琶式學圖解

（手揮琵琶式圖見第十二章手揮琵琶式圖）

第七十九章 三通背學圖解

（三通背圖見第三十三章三通背圖）

第八十章 開手學圖解

（開手圖見第四章開手圖）

第八十一章 合手學圖解

（合手圖見第五章合手圖）

第八十二章 單鞭學圖解

（單鞭圖見第六章單鞭圖）

第八十三章 雲手學圖解

（雲手圖見第三十七章雲手圖）

第八十四章　高探馬學圖解

（高探馬圖見第三十八章高探馬圖）

高探馬至如第三十八章第二節式時。不停。即將左手腕往外扭。右手腕同時往裏扭。右手翻在下邊去。左手翻在上邊來。於高探馬二節式。

第八十五章　十字擺蓮學圖解

兩手上下互換。右足於兩手扭時。同時足尖往外斜着擺去。足仍不離原地基。隨後再將左足。往裏扣着邁在右足處。兩足成爲倒八字形式。兩足尖相離一二寸許。身子隨着左足邁時。同時向右轉。右手於左足邁時。亦同時往外扭。扭至手心朝下。左手仍在上。右手仍在下。兩手心亦具朝下着。在心口處。式不停。即將右腿極力抬起。脚面挺住勁。脚面朝外着。足心在左膝上邊。離腿一二寸許不停。即速往右邊斜角擺去。

落地兩足之距離。隨乎人之高矮。兩手於右腿抬時。同時如單鞭式。橫着分開。兩眼望着前正面看去。身中之勁如前。此拳內勿論如何形式。

第一節 十字擺蓮圖

皆不外乎頭頂。足蹬。腹鬆。塌腰。並兩肩。兩腿裏根。鬆縮之理。身體力行。是在學者。舊式兩手分時。又右足往外擺時。左手拍右脚面一掌。今不拍。因無大關係。然拍否仍聽學者自便可也。

第八十六章　進步指膛捶學圖解

先將兩眼望着前邊低處。如同有一物看去。隨即將兩手往前伸着。往一處併去。將左手扣於右手腕上。右手捲上拳。右拳如同指着。兩眼所看之物之意。再將左足於兩手合併時。同時往前邁去。次邁右足。或兩步。或四步均可。勿拘。總要右足邁在前邊為止。右足落地時。隨後左足即速跟步。左足尖落在右足當中。足尖着地。兩足相離寸許。身體三折

第一節

進步指襠捶圖

形式。小腹放在大腿根上。兩腿灣曲着。腰塌住勁。身子有往前撲的形式。手仍扣着右手腕。右拳極力往前伸去。如同指物一般。兩足往前所邁之步。大小隨人之高矮。不可大。亦不可小。總要不移動重心為妙。兩足往前邁時。身體之形式。如同一

鳥在樹上。束着翅斜着往地下。看着一物飛去之意。兩足行走時。腹內之神氣。及各處之勁。均如前。式微停。停住之形式。如圖是也。

第八十七章　退步懶扎衣學圖解

先將左足極力往後撤。右足尖欠起。兩手於左足撤時。同時往回來。隨即再往前推出去。左足再於兩手推出時。同時跟步。兩手往回來。及推出去。並跟步。一切之形式。均與第三章。懶扎衣第五節式相同。（退步懶扎衣圖見第三章五節懶扎衣圖）

第八十八章　開手學圖解

（開手圖見第四章開手圖）

第八十九章　合手學圖解

（合手圖見第五章合手圖）

第九十章　單鞭學圖解

（單鞭圖見第六章單鞭圖）

第九十一章　單鞭下勢學圖解

先將右手腕往外撑住勁。手心朝下着。往右胯處來。左手心亦朝下着。與右手同時往下落。胳膊仍直着。身子與兩手同時往下坐去。一切之形式。並神氣鼓鑄之情意。均與第七十章下式相同。（單鞭下勢圖見七十章下式圖）

第九十二章　上步七星學圖解

先將右手從右胯處。如畫下弧線。往左手腕下邊出去。左手於右手到下邊手腕時。同時兩手收進懷裏。離心口三四寸許。兩手上下相交。如十字形式。兩手指俱朝上着。兩手心亦朝外着。右足於右手往前去時。

第一節 上步七星圖

同時邁在左足處。右足裏脛骨。與左足後根挨否。勿拘。兩腿要彎曲着。身子直着。腰塌住勁。停住之形式。如圖是也。

第九十三章 下步跨虎學圖解

先將兩手皆往下摟。左手摟在左胯處。右手摟在右胯處。不停。右足於兩手往下摟時。同時極力往後撤。落地半八字形式。隨後右手心朝裏着。即速從右胯處。往上起至眼前邊。再從眼前。手心朝下着。如按氣球相似往下按去。左足於右手往下按時。同時往後來。足尖着地。足後根

離右足寸許。右手往下按時。身子同時往下曲腿塌腰。再右手心仍朝

第一節

下步跨虎圖

下着。即速往上起。起時如同按着大氣球。往上鼓起之意。左腿於右手起時。同時極力往上抬起。足尖仰着。身子與手足亦同時往上起。全身亦如同按着氣球。往上起之意。式微停。

第九十四章　轉角擺蓮學圖解

先將左足極力扣着。往右足尖前邊落去。左手於左足落時。同時往右手處來。左手心扣在右手背上。兩手離心口一二寸許。右足於左足落

時。同時足後根欠起。足尖着地。足後根往裏扭。身子同時亦極力往右

第一節

轉角擺蓮圖

轉。再先將左足極力往裏扭扣。隨即右腿抬起。極力往右邊擺去。左足再於右腿擺時。同時足掌極力往裏扭。兩手於右足往外擺時。同時用兩手拍右脚面拍時先用左手。次用右手。要用兩下拍。響發連聲。不要間斷。身子是整右轉一匝。式不停。

第九十五章　彎弓射虎學圖解

先將右足往右邊斜角。擺着往下邁去。落地兩足斜順着。兩腿之形式。右腿膝往前弓着點。似曲非曲。似直非直。兩手心相對。如同抱着四五

寸高之皮球。一氣着與右足落時。同時往下又往左邊。如轉一圓圈。轉

第一節

彎弓射虎圖

至上邊。與脖項相平。兩手心皆朝下着。往左斜角伸去。左手在前。右手在後錯綜着。仍與脖項相平。兩胳膊似曲非曲。似直非直。兩眼望着兩手中間前邊看去。此形式之勁。各處要平均。不要有一處專用力。心內虛空。氣往下沉。式微停。

第九十六章　雙撞捶學圖解

先將左足極力往前直着邁去。足後根落地。再將兩手輕輕捲上拳。手背朝上着。於左足往前邁時。同時用意拉回胸前一二寸許。兩手相離

二三寸許。隨後兩拳手背仍朝上着。如前邊有一物。即速往前直着撞去。兩胳膊似曲非曲。似直非直。心口對着斜角。兩眼望着兩拳當中。直着看去。右足於兩拳往前撞時。同時往前跟步。足尖落地半八字形。與左足後根相離一二寸許。左足於兩拳往前撞時。滿足着地。腰塌住勁。兩腿皆彎曲着。身子要直着。點式微停。

第一節

雙撞捶圖

第九十七章　陰陽混一學圖解

先將左手腕往裏裹。裹至手心朝上。似半月形。拳與膊項相平。右手在心口處一二寸許。胳膊肘靠着脅。再左足於左手往裏裏時。同時往裏扭直。再右足即速往後撤。撤至三四寸許。落地半八字形式。再左拳往胸前來。右拳與左拳往胸前來時。同時往裏裏着往前伸去。左拳在裏邊。右拳在外邊。兩手腕相離半寸許。此時兩手心皆斜對着胸。式不停。

第一節

陰極混一圖

卽將左拳往右手腕下邊。往外挽去。挽至右手外腕。左手裏腕。與右手外腕相挨。腰再往下塌勁。兩腿要灣曲。兩手外腕。與腰塌時。同時一齊往外扭。兩手腕與心口平。兩手腕如十字形式。左手裏腕。離心口三四寸許。左足於兩手腕往外扭時。同時略往前邁點步。足後根着地。此時右足作爲全體之重心。兩腿仍彎曲着。兩肩及兩腿裏根。與腹內。均宜鬆開。頭要虛靈頂住勁。舌頂上腭。穀道上提。意注丹田。將元陽收斂入於氣海矣。

第九十八章　無極還原學圖解

將兩手同時。如畫下弧線往下畫去。左手至左胯處。右手至右胯處。兩手心挨住兩胯。左足於兩手往下落時。同時撤至右足處。兩足裏根相挨。仍還於起點九十度之形式。身子與左足往回撤時。同時往上起直。此時全體不要用力。腹內心神意

第一節

無極還原圖

具沓。無一毫之思想。空空洞洞。仍還於無極。所謂神行是也。

太極拳上編終

孫祿堂先生著

形意拳學 一冊
八卦拳學 一冊
八卦劍學 一冊
拳意述真 一冊

下編第一章太極拳打手用法

上卷諸式。以無極太極陰陽五行。操練將神氣收斂於內。混融而爲一。是太極之體也。此卷以八勢含五行諸法。動作流行。使神氣宣布於外。化而爲八。是太極之用也。有體無用。弊在無變化。有用無體。弊在無根本。所以體用兼該。乃得萬全。以練體言。是知己工夫。以二人打手言。是知人工夫。練體日久純熟。能以徧體虛靈。圓活無礙。神氣混融而爲一體。到此時。後天之精自化。先天之氣自然生矣。即使年力就衰。如能去其人慾。時時練習。不獨可以延年益壽。直可與太虛同體。 先賢云。固靈根而靜心。謂之修道。養靈根而動心。謂之武藝。是此意也。以操手練用工純。能以手足靈活。引進落空。四兩撥千斤。神氣散布而爲十三式。至此時。血氣之力自消。神妙之道自至矣。所以人之動靜變化。誠僞虛實。機關未動而我可預知。無論他人如何暗發心機。總不能逃我之妙用。妙用維何。即打手之著法。掤攦擠按。採挒肘靠。八法也。總以掤攦擠按四手。爲打手根基正手。故先以掤攦擠按四手。長長練習。須向不丟不頂中求玄妙。與不即不離內討消息。習之純熟。手中便有分寸。量彼勁之大小。分釐不錯。權彼勢之長短。毫髮無差。前進後退。處處恰合。以後採挒肘靠四法。以及千萬手法。皆由掤攦擠按四法中之變化而出。至於因熟生巧。相機善變。非筆墨所能盡。此不過略言大概耳。

古人云行遠自邇。所以先將四手淺近之打法。作個起點入門。亦不過使學者。先得其打手之門徑。若欲深求法中之奧妙。仍宜訪求明師。用手引領。得其當然之路。（深通此技者蓋不乏人矣）終朝每日長長打手。不數月。可以得其引進落空。四兩撥千斤之要道。得其要道。可以與形意拳。八卦拳。

並行不悖矣。並行不悖。合三家並用。能丟而不丟。頂而不頂矣。學者須細參悟之。

第二章　打手步法

打手之步法有四。有靜步。（即站步也）有動步。（即活步也）有合步。（即對步也又甲乙皆左皆右均是也）有順步。（甲右乙左甲左乙右）皆是也。初學打手。先以靜步為根。以後手法習熟。再打動步為宜。合步順步。靜動皆可用。勿拘。若打熟之後。動靜合順之步。隨時所變。並起點之手法。左右隨便所出。左右之式亦隨便所換。均無可無不可矣。古人云頭頭是道。面面皆真。此之謂也。

第三章　打手起點學圖解

（甲乙二人對面合步打手）

（甲上手）（乙下手）

（甲乙二人皆站無極式）

第三章 甲乙無極式圖

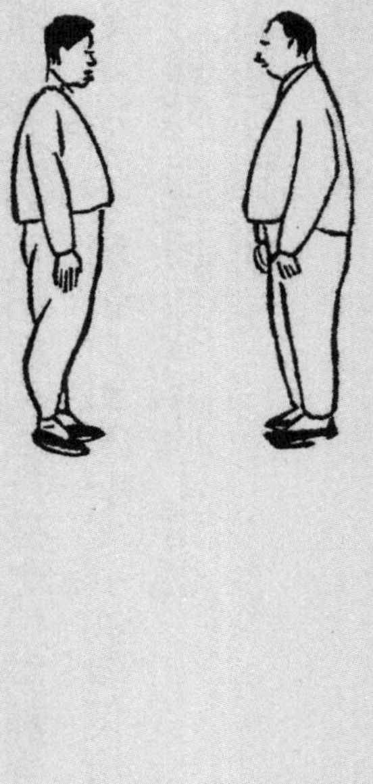

第四章 甲打手起點學

第四章 甲起點圖

甲先進左步直着。左手在前。手心對着胸。右手心扣在左胳膊下節中間。右手腕離心口四五寸許。如左

單陰陽魚形式。

第五章　乙打手起點學

乙亦先進左步直着。左手在前。手心對着胸。右手心扣在左胳膊下節中間。右手腕離心口四五寸許。如右單陰陽魚形式。

第五章

乙起點圖

乙

第六章　甲乙打手合一圖學

甲乙二人。將兩形相合。正是兩個陰陽魚合一之太極圖也。所以形式。動之則分。靜之則合是也。動靜者亦即易經。陰陽相摩。八卦相盪之理耳。

第六章　甲乙合一圖

第七章　乙攌手學圖解

甲先將右手。望着乙之面伸去。乙即將右手望着甲之右手腕輕輕扣住。再左手與右手同時。從甲之右胳膊下邊。繞至胳膊上邊。亦輕輕扣在甲之右胳膊肘上邊。兩手一氣着往右邊斜角攌去。二人之形式。如太極初動。是爲分也。學者看圖則知之矣。

第七章
乙攦手圖

第八章　甲擠手學圖解

第八章
甲擠手圖

甲卽將右胳膊直着。手腕向裏裹。裹至手心朝裏。再卽將左手。與右手腕向裏裹時。一氣着往自己右胳膊下節。中間擠去。兩眼望

着乙之眼看去。二人皆是用意。不要用拙勁。以後做此。

第九章　乙掤手學圖解

乙卽將兩手並身子。與甲擠時。同是不丟不頂着。往回撤縮。將前足尖欠起。俟甲將身中之勁跌出。再按。

第九章　乙掤手圖

第十章　乙按手學圖解

乙再卽將兩手一氣着。往甲之左胳膊上按去。左手按在甲之左手背。

右手按住甲之左胳膊肘上邊。兩手一氣着往前按去。與形意拳。虎撲子柔勁。撲法相同。

第十章　乙按手圖

第十一章　甲攌手學圖解

甲俟乙兩手按時。身子往回縮。用左手輕輕扣住乙之左手腕。右手與左手同時。從乙之左胳膊下邊繞至上邊。亦輕輕扣在乙之左胳膊肘上邊。兩手亦一氣着往左邊斜角攌去。

第十一章 甲握手圖

第十二章 乙擠手學圖解

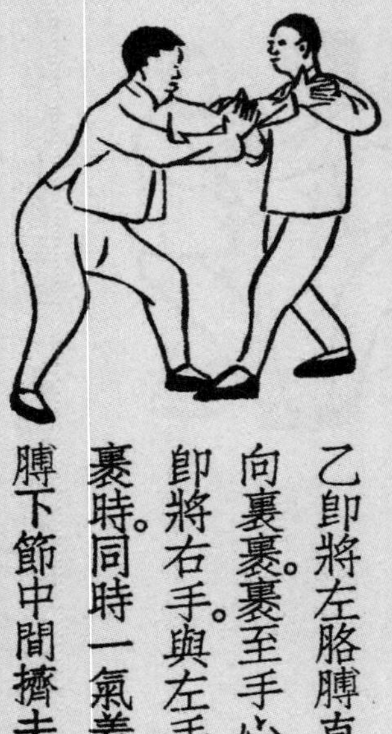

第十二章 乙擠手圖

乙卽將左胳膊直着。手腕向裏裹。裹至手心朝裏。再卽將右手。與左手腕向裏裹時。同時一氣着往左胳膊下節中間擠去。兩眼望着甲之眼看去。

第十三章　甲掤手學圖解

甲即將兩手並身子。與乙擠時。同時不丟不頂着。往後縮。將前足尖欠起。俟乙將身子之勁跌出。再按。

第十三章　甲掤手圖

第十四章　甲按手學圖解

甲再即將兩手。往乙之右胳膊上按去。右手按住乙之右手背。左手按住乙之右胳膊肘上邊。兩手一氣着往前按去。

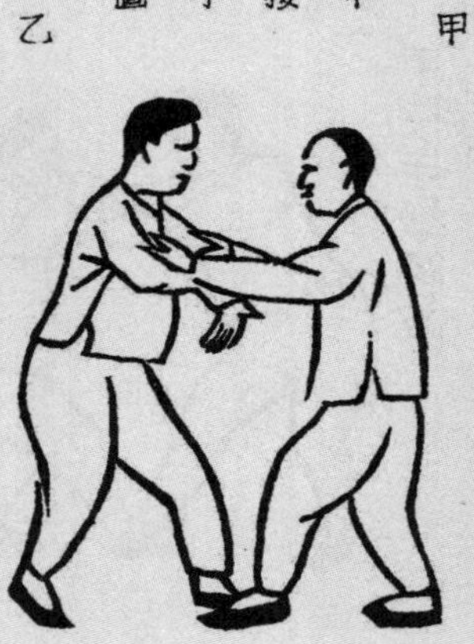

第十四章　甲按手圖

第十五章　乙攦手學圖解

乙再攦掤。甲再擠攦。仍按着前章之次序打去。循環不窮。周而復始。一氣貫通。二人如同一個太極圖形。動作相似。返來復去。不要有一毫之間斷。休息要隨便。

第十六章　二人打手換式法

要換右式打法。右式二人換爲右足在前。打手俟乙攦時。甲不用擠手。速用自己之右手。將乙之右手往回帶。將左手。亦卽速繞在乙之右胳膊肘上邊。兩手如前左式。攦法相同攦去。左足於右手往回帶時。同時撤至右足後邊。落下與左式步法相同。○乙亦卽速進右足用擠法。兩手如左式擠法相同。以後甲再打攦法。按法。○乙再打攦法。仍與左式循環無端之式相同。此亦是初學打手換式之法。俟熟習之後。亦可以左右式。隨便更換不拘矣。

第十七章　二人打手活步法

靜步熟習後。練時合步順步。皆可隨便。手法仍與前靜步打法相同。惟是足往前進時。先進前足。往後退時。先退後足。步無論合步順步。前進後退。皆是三步。足進退與身手法要相合。往前進步之人。是按擠二式。

往後退步之人。是掤攦二式。往來返復。亦是循環無窮。此手法步法。亦不過初學入門之成式。將此式練習純熟之後。手法步法。進退往來。隨時隨便所發。亦不拘矣。

太極拳下編終

第十八章　附五字訣亦畬先生著附錄於此

心靜

心不靜則不專一。舉手前後左右全無定向。故要心靜。起初舉動。未能由己。要息心體認。隨人所動。隨曲就伸。不丟不頂。勿自伸縮。彼有力我亦有力。我力在先。彼無力我亦有力。我意仍在先。要刻刻留心。挨何處。心要用在何處。須向不丟不頂中討消息。從此做去。日積月累。便能施之於身。此全是用意。不是用勁。久之則人為我制。我不為人制矣。

身靈

身滯則進退不能自如。故要身靈。舉手不可有呆像。彼之力方覺侵我皮毛。我之意已入彼骨裏。兩手支撐。一氣貫穿。左重則左虛而右已去。右重則右虛而左已去。氣如車輪。週身俱要相隨。有不相隨處。身便散亂。便不得力。其病在於腰腿求之。先以心使身。從人不從己。後使身能從心由己仍從人。由己則滯。從人則活。能從人。手上便有分寸。量彼勁之大小。分釐不錯。權彼來之長短。毫髮無差。前進後退。處處恰合。工彌久而技彌精。

氣斂

氣勢散漫。便無含蓄。身易散亂。務使氣斂入脊骨。呼吸通靈。周身罔間。吸爲合爲蓄。呼爲開爲發。蓋吸則自然提得起。亦拿得人起。呼則自然沈得下。亦放得人出。此是以意運氣。非以力運氣也。

勁整

一身之勁。練成一家。分清虛實。發勁要有根源。勁起脚根。主腰間。形於手指。發於脊背。又要提起全付精神。於彼勁將出未發之際。我勁已接入彼勁。恰好不後不先。如皮燃火。如泉湧出。前進後退。無絲毫散亂。曲中求直。蓄而後發。方能隨手奏效。此謂借力打人四兩撥千斤也。

神聚

上四者俱備。總歸神聚。神聚則一氣鼓鑄。練氣歸神。氣勢騰挪。精神貫注。開合有致。虛實清楚。左虛則右實。右虛則左實。虛非全然無力。氣勢要有騰挪。實非全然占煞。精神要貴貫注。緊要全在胸中腰間。運用不在外面。力從人借。氣由脊發。胡能氣由脊發。氣向下沈。由兩肩收於脊骨。注於腰間。此氣之由上而下也。謂之合。由腰形於脊骨。布於兩膊。施於手指。此氣之由下而上也。謂之開。合便是收。開便是放。能懂得開合。便知陰陽。到此地位。工用一日。技精一日。漸至從心所欲。罔不如意矣。

撒放密訣

擎引鬆放四字

擎開彼勁借彼力。中有靈字 引到身前勁始蓄。中有斂字 鬆開我勁勿使屈。中有靜字 放時腰脚認端的。中有整字

走架打手行工要言

昔人云。能引進落空。便能四兩撥千斤。不能引進落空。便不能四兩撥千斤。語甚該括。初學末由領悟。予加數語以解之。俾有志斯技者。得所從入。庶日進有功矣。欲要引進落空四兩撥千斤。先要知己知彼。欲要知己知彼。先要舍己從人。欲要舍己從人。先要得機得勢。欲要得機得勢。先要周身一家。欲要周身一家。先要周身無有缺陷。欲要周身無有缺陷。先要神氣鼓盪。欲要神氣鼓盪。先要提起精神。欲要提起精神。先要神不外散。欲要神不外散。先要神氣收斂入骨。欲要神氣收斂入骨。

先要兩股前節有力。兩肩鬆開。氣向下沉。勁起於脚根。變換在腿。含蓄在胸。運動在兩肩。主宰在腰。上於兩膊相繫。下於兩腿相隨。勁由內換。收便是合。放卽是開。靜則俱靜。靜是合。合中寓開。動則俱動。動是開。開中寓合。觸之則旋轉自如。無不得力。纔能引進落空。四兩撥千斤。平日走架是知己工夫。一動勢先問自己周身合上數項否。少有不合卽速改換。走架所以要慢不要快。打手是知人功夫。動靜固是知人。仍是問己。自己按排得好。人一挨我。我不動彼絲毫。趁勢而入。接定彼勁。彼自跌出。如自己有不得力處。便是雙重未化。要於陰陽開合求之。所謂知己知彼。百戰百勝也。

太極拳全編終

孫祿堂先生著

民國十三年三月初版
民國廿五年九月四版

太極拳全一冊
定價大洋捌角

編纂者　河北孫福全
校閱者　陳愼先
　　　　吳心穀
印刷者　上海中華書局印刷所
　　　　河北完縣東後巷十一號　孫存周
發行者　上海岳州路六五號三公益磚灰行　業夢俠
　　　　上海北車站運輸課　支燮棠
代售處　北平武學書局
　　　　琉璃廠武學書館
　　　　天津佩文齋
　　　　上海愚園路佛學書局

太極拳學

太极拳学序

太极拳学，王宗岳论之精矣。其术以柔曲为体，以刚直为用。盖巨力之至，非柔曲不能化之灵；彼力既化，非刚直不能放之远，故曰：曲中求直，蓄而后发。练习此术，在气沉丹田，纯以神行，不尚后天之拙力。而御敌制胜，如行所无事，虽甚巧而有至道存焉。《老子》[①]曰：“为欲取之，必固与之”，原谱所谓“左重则左虚，右重则右杳”，即人取我与之意也。《庄子》[②]曰：“得其环中，以应无穷”，原谱所谓“气如车轮，行气如九曲珠”即得其环中之意也。故其术专气致柔，盖合于道家，非数十年功力不能用之精纯而皆宜。禄堂先生作《太极拳学》成，命为序文，曾则于斯术未窥门径，略赘数言，不知其有当否也。

己未冬月蕲水陈曾则书

注释

①《老子》：即《道德经》，是春秋时期的老子所作。

②《庄子》：又称《南华经》，系庄周及其后学所撰。

序

太极拳相传创自张三峯[①]氏。承其流者，虽支分派别，互有异同，要之不离动静、分合、虚领顶劲者。近是顷，孙禄堂师以所编《太极拳学》见示，余反复参观，见其中颇有与老氏之旨相合者。形上谓之道，吾无间然矣。太极拳贵空虚，忌双重，非老子之虚而不屈，动而愈出者乎。太极之劲断而意不断，非老子之绵绵若存者乎。太极之随屈就伸，意在人先，非老子之迎之不见其首，随之不见其后者乎。故吾谓："有欲以观其窍者，即太极之十三式是也。无欲以观其妙者，即太极之炼气化神是也。无人无我，妙合自然，气足神完，庶近于道。知和曰常，知常曰明。学者息心求之，庶不负著者之苦心也夫。

吴心穀书

注释

① 峯:"峰"的异体字。历史上关于"张三峯""张三峰""张三丰"的说法莫衷一是。

自序

乾坤肇造，元气流行，动静分合，遂生万物，是为后天而有象。[①] 先天元气，赋于后天形质；[②] 后天形质，包含先天元气，[③] 故人为先后天合一之形体也[④]。人自有知识情欲，阴阳参差，先天元气渐消，后天之气渐长。[⑤] 阳衰阴盛，又为六气所侵（六气者，即风、寒、暑、湿、燥、火也），七情[⑥]所感。故身躯日弱，而百病迭生[⑦]。古人忧之，于是尝药以祛[⑧]其病，静坐以养其心[⑨]，而又惧动静之不能互为用也[⑩]，更发明拳术，以求复其虚灵之气[⑪]。迨达摩东来讲道豫之少林寺[⑫]，恐修道之人，久坐伤神，形容焦悴，[⑬] 故以顺逆阴阳之理，弥纶先天之元气，[⑭] 作《易筋》《洗髓》二经[⑮]，教人习之，以壮其体。至宋岳武穆王，益发明二经之体义，制成形意拳而适其用，八卦拳之理，亦含其中，此内家拳术之发源也。[⑯]

注 释

① 乾坤……有象：是概括说明天地开始生成情况。先有元气，元气一名浑元之气，又名大化之气，又名太始，又名太极。初本一无所有，无物无象，是为先天。元气渐渐流动，而生阴阳二气，阴阳二气或动或静，或分或

合，即是天地，天地遂生万物，是为后天而有象。

② 先天……形质：谓先天元气，授给后天万物的形质。赋于：古同“赋予”，授给。后天形质：是指后天万物的形象与性质。

③ 后天……元气：谓天地既由元气构成，是为后天，那么后天所生万物的形质，自然也包括先天的元气。

④ 故人为……形体也：这是根据上文的说法，可以说人的形质实际是先后天合一的形体。

⑤ 人……渐长：谓人自有了知识和情欲，就要各按其不同的知识情欲，安排其生活，这样必有阳刚阴柔和偏刚偏柔的千差万别，于是先天的元气逐渐消失，后天的气质逐渐增长。

⑥ 七情：喜、怒、哀、惧、爱、恶、欲。

⑦ 迭生：变换地发生。

⑧ 祛：遣，排除。

⑨ 静坐以养其心：心神烦劳，静坐可以调养。

⑩ 而又……互为用也：是承接上文，恐怕静坐时间过多，不能发挥动静交相配合的作用。

⑪ 以求复其虚灵之气：是说运用拳术中的进退相随、刚柔相济等等作用，以求恢复人体原有的虚灵之气，即前文所谓渐消的元气。

⑫ 迨达摩……少林寺：迨，等到。达摩：南北朝时印度名僧。与梁武帝谈佛理，不谐，渡江往魏，居嵩山少林寺，面壁九年，为禅宗第一祖。少林寺：在河南嵩山，相传是达摩创造少林拳的地方。

⑬ 恐修道……形容焦悴：是说达摩祖师创练身炼气的原因。修道：不论道教与佛教的修炼皆可谓之修道。久坐：静坐能养神，但坐久也能伤神。焦悴：与憔悴通用，瘦弱多病貌。

⑭ 故……元气：是承上文，运用顺逆阴阳之理，以调整先天的元气。“顺逆”二字，练拳而能悟道（拳道、拳理）者所常用。人体自有阴阳，人皆知顺其阴阳，但当阴阳相背时，则须逆转，是谓之“逆中行顺”。故知顺

之为顺，而不知逆之为顺，是不知道。故《八卦拳学》第十八章说："无为之妙，在乎逆中行顺"。弥纶：犹言调整。

⑮《易筋》《洗髓》二经：书名，相传是达摩创作，是锻炼身体的理论和方法。

⑯至宋……发源也：谓至宋岳飞进一步根据二经的形式与内容，创造形意拳法，以适应易筋洗髓之用。后来的八卦拳之理也包含在二经体义之中。这便是内家拳术的发源。内家拳：拳术家有内功外功之别，内功者，功蕴于内，不露形貌，不尚拙力，纯任自然，不伤后天之力，专以善养人之浩然之气为主。

元顺帝时，张三丰先生，修道于武当，① 见修丹之士②兼练拳术者，后天之力用之过当，不能得其中和之气，以致伤丹，而损元气。故遵前二经之义，用周子《太极图》之形，取河洛之理，先后易之数，顺其理之自然，作太极拳术，阐明养身之妙。③ 此拳在假后天之形，不用后天之力，一动一静，纯任自然，不尚血气，意在炼气化神耳。④ 其中本一理、二气、三才、四象、五行、六合、七星、八卦、九宫等奥义，⑤ 始于一，终于九，九又还于一之数也。⑥ 一理者，即太极拳术起点腹内中和之气，太极是也；⑦ 二气者，身体一动一静之式，两仪是也；⑧ 三才⑨者，头、手、足，即上、中、下也；四象者，即前进、后退、左顾、右盼也；⑩ 五行⑪者，即进、退、顾、盼、定也；六合⑫者，即精合其神，神合其气，气合其精，是内三合也；肩与胯合，肘与膝合，手与足合，是外三合也，内外如一，是成为六合；七星者，头、手、肩、肘、胯、膝、足共七拳，是七星也；八卦⑬者，掤、攦、挤、按、採、挒、肘、靠，即八卦也；九宫⑭者，以八手加中定，是九宫也。先生以河图洛书为之经，以八卦九宫为之纬，又以五行为之体，以七星八卦为之用，创此太极拳术。[15]其精微奥妙，山右王宗岳先生，论之详矣。[16]自是而后，源远派分，各随己意而变其形式，至前清道、咸年间，有广平武禹襄[17]先生，闻豫省怀庆府赵保镇[18]，有陈清平[19]先生者，精于是技，不惮远道，亲往访焉，遂从学数月，而得其条理。后传亦畬[20]先生。亦畬先生，又作五字诀，传郝为真[21]先生。先生以数十年之研究，深得其拳之奥妙。余受教于为真先生，朝夕习练，数年之久，略明拳中大概之理。又深思体验，将夙昔所练之形意拳、八卦拳与太极拳，三家会合而为一体，一体又分为三派之形式，三派之姿式虽不同，其理则一也。[22]惟前人只凭口授，无有专书，偶著论说，亦无实练入手之法。余自维浅陋，不揣冒昧，将形意拳、八卦拳、太极拳，三派各编辑成书，书中各式之图，均有电照本像，又加以图解，[23]庶有志于此者，可按图摹仿，实力作去，久之不难得拳中之妙用。书中皆述诸先生之实理，并无文法可观。[24]其间有舛错不合者，尚祈海内明达，随时指示为感。

民国八年十月

河北完县禄堂孙福全谨序

注释

① 元顺帝……武当：张三丰究系何朝代的人，籍贯何处，都莫衷一是，连张氏会不会拳法之说，也是存疑的问题。从《王征南墓志铭》中说张氏梦中习拳之事，显系荒诞，但后来以讹传讹，张氏创拳的说法却流传颇广。武当：山名，在湖北省均县，武当山道士皆练内家拳，号为武当派。

② 修丹：即炼丹。修丹之士：指道教之徒。

③ 故遵……养身之妙：谓张三丰遵照二经之义，用周敦颐的太极图说之形，取河图洛书相传之理，先后改易多次，顺应自然之理，创作太极拳法，阐明养身妙道。周子：指周敦颐，宋道州人，字茂叔，号濂溪。为宋代理学开祖，著有《太极图说》。太极图之形：谓图形。老子说："始卒若环。"河洛：指河图、洛书，是古代纬书。相传，伏羲氏王天下，龙马负图出于河，伏羲遂据其图以画八卦。又传大禹治水，神龟负文列于背，有数至九，禹遂因之，以成九畴。河洛之理：犹言自古相传之理。

④ 此拳……炼气化神耳：是说练此拳在于借重后天的形式，不要用后天的拙力，一动一静，纯任自然，不尚血气，其意就在于炼气化神，归于自然。原文"练"此处改作"炼"。"炼精化气、炼气化神、炼神化虚、炼虚合道"等为内丹术术语，皆应作"炼"字，后同，不另注。

⑤ 其中……奥义：谓此太极拳中有一理、二气、三才、四象、五行、六合、七星、八卦、九宫等深奥内容。

⑥ 始于……一之数也：是说太极拳始于一理，终于九宫，九之数虽繁，归终要还原于一之数，是谓之"始终如一"。

⑦ 一理……太极是也：指太极拳术起点时腹内中和之气，其气浑然寂静为一体，是为太极。

⑧ 二气……两仪是也：原指两仪，即天地，此处指阴阳。因为人体动静也表现为阴阳，故练拳者要求掌握调整阴阳二气。

⑨ 三才：原指天、地、人，在拳中指头、手、足，即上、中、下。

⑩ 四象……右盼也：原指太阳、太阴、少阳、少阴，这里指前进、后退、左顾、右盼。原文"眄"，音 xì，仇视，怒视，用于此处误，改为"盼"，后同，不另注。

⑪ 五行：原指金、木、水、火、土，这里指进、退、顾、盼、定。

⑫ 六合：原指天、地、东、西、南、北。

⑬ 八卦：原指乾、坎、艮、震、巽、离、坤、兑，这里指掤、攦、挤、按、採、挒、肘、靠。

⑭ 九宫：一般指曲中宫调有九。这里指八手（挤、掤、攦、按、採、挒、肘、靠）加中定，是为九宫。

⑮ 先生……太极拳术：是说张三丰先生以河图洛书为太极拳之经，以八卦、九宫为太极拳之纬，又以五行为太极拳术之体，以七星八卦为太极拳术之用，创造这种太极拳术。

⑯ 其精微……详矣：是谓山西王宗岳先生论述太极拳术的精微奥妙，颇为详尽。

⑰ 武禹襄：原文“武禹讓”，当作“武禹襄”。武禹襄（1812—1880年），名河清，直隶（今之河北）广平府（今永年县）人。从河南赵堡镇陈清平先生学太极拳，后创武氏太极拳。

⑱ 赵保镇：“保”当作“堡”。

⑲ 陈清平：河南省怀庆府赵堡镇人，一名青萍，陈氏太极拳十五世传人，因入赘于赵堡，所传拳的格式虽与老架同，但突出了运动圆形的特点，人称赵堡架。

⑳ 亦畲：李亦畲，名经纶，清代（1832—1892年）人，武氏太极拳创始人武禹襄之甥，为武氏太极拳传人。

㉑ 郝为真（1849—1920年）：或作为桢，名和，为真乃其字，河北永年县人。亦畲先生弟子，有郝氏太极拳传世。

㉒ 将夙昔……其理则一也：谓将过去所习练的形意拳、八卦拳，与近从郝先生所学的太极拳合三家拳法而为一体；一体又分为三派，三派名虽异，形式也不同，而其实（理）则相同，由一而二而三，又由三而一。会合，同“汇合”。

㉓ 书中……图解：谓所著《形意拳学》《八卦拳学》《太极拳学》三书中各式均按本人相片制版，本人又加以图解。

㉔ 书中……可观：谓此书中，皆是阐述武禹襄、陈清平、李亦畲、郝为真诸先生练拳的实理，质朴无文。

太极拳之名称

人自赋性含生以后，本藏有养生之元气，不仰不俯，不偏不倚，和而不流，至善至极，是为真阳，所谓中和之气是也。[①] 其气平时洋溢于四体之中，浸润于百骸之内，无处不有，无时不然，内外一气，流行不息，[②] 于是拳之开合动静，即根此气而生；放伸收缩之妙，即由此气而出。开者为伸、为动；合者为收、为缩、为静；开者为阳，合者为阴；放伸动者为阳，收缩静者为阴。开合像一气运阴阳，即太极一气也。[③] 太极即一气，一气即太极。以体言，则为太极；以用言，则为一气。时阳则阳，时阴则阴，时上则上，时下则下。阳而阴，阴而阳。一气活活泼泼，有无不立，开合自然，皆在当中一点子运用，即太极是也。[④] 古人不能明示于人者，即此也。不能笔之于书者，亦即此也。 学者能于开合动静相交处，悟澈本原，则可以在各式圜研相合之中，得其妙用矣。圜者，有形之虚圈○是也；研者，无形之实圈●是也。斯二者，太极拳虚实之理也。[⑤] 其式之内，空而不空，不空而空矣。此气周流无碍，圆活无方，不凹不凸，[⑥] 放之则弥六合，卷之则退藏于密，[⑦]其变无穷，用之不竭，皆实学也。此太极拳之所以名也。

注 释

① 人自……是也：是说，人自先天赋予生命后，身体内部就藏有养生的元气，叫作中和之气。赋：授予。赋性，是先天授予的性能。含生：是说含有生机。中和：《礼记·中庸》喜怒哀乐之未发谓之中，发而皆中节谓之和。真阳：与生俱有的元气。

② 其气……流行不息：是说这种中和之气，充满在全身各处，内外一气，时刻流行不息。洋溢：由充满而扩散。浸润：渐渍使之变化。

③ 于是……即太极一气也：说明拳中的开合、动静、放伸收缩都是由此一气（元气）生出的。开合就是一气运阴阳。

④ 太极即一气……即太极是也：是说太极就是一气，反之一气就是太极。以体言为太极，以用言为一气。阴阳，上下活活泼泼，有无并立，都在太极的运用上。这一点是可以意会而不可以言传的。体，是道体，道体本来无形，是为无形之体，言体是太极，无法用语言明示于人。用是一气，也是太极，也难笔之于书。有无不立：“不”，据上下文意，当是“并”字之误。

⑤ 学者……虚实之理也：是说，学拳的人要在开合动静相交处，即在欲开而未开，欲动而未动之时，悟澈太极一气之本，就可以在各个拳式的虚实之中求得妙用。圜：指天，是虚体。研：谓审究，为实体，圜研相合就是虚实相合。

⑥ 其式……不凹不凸：是说，在拳式中有虚有实，虚实相间，太极一气周流无阻，绵绵不断，圆而无方，无处不到。空即是虚，不空即实。

⑦ 放之……于密：见《礼记·中庸》，意思是此气可大可小，大可以充满天地四方，小则可以收在心灵之中。

凡 例

○ 是编分为上下两编，提纲挈领，条目井然。上编次序，首揭无极太极之学，内含阴阳、动静、五行之理论，以无极式为之根，以太极式为之体。斯二者，乃拳中万式之基础也。由第三章懒扎衣至九十六章双撞捶之式，为太极流行之体也。又由无极发源之始说起，以至九十八章无极收式为太极之式还原终。是为上编之条目。

○ 下编标举太极化生万物之道。以掤、攌、挤、按，为採、挒、肘、靠各式之纲，以五行、八卦、十三式为太极之用，又为万法之纲也。上编单独练习，是全其体；下编对手，是全其用。以二人打手分甲乙上下之式，各开门起点、进退伸缩、变化诸法，一一详载。打手时，凡一动一静，按此定法，不使紊乱，则此拳之全体大用功能，庶几近于道矣。

○ 是编，上编一气流行，一动一静，分合上下，内外如一，谓之练体，为知己工夫[①]。下编二人打手，起落进退，左顾右盼，纵横联络，变化无穷，谓之习用，为知人工夫。古人云："知己知彼，百战百胜"，此之谓也。

○ 是编拳术不尚血气，纯任自然，不能伤其后天之力，专以善养人之浩然之气为主。

○ 是编专讲究为修身而作。凡我同胞，无论何界，男女老幼，皆可习之。身体过懦者，可以使之强；过刚者，可以使之柔。或有身体极弱及有劳伤病症者，或因他种拳术，非血气之力不能练习者，亦均可以练之。将气质驯致中和，气固而神自完，却病延年，可操左券。

○ 是编将拳中功用、名称源流、动作次序、始末诸法贯为全编，一一说明，使学者虚心研究，方知拳中一气贯通之奥妙。

○ 是编每一式各附一图，使太极拳之原理及其性质，切实发明，以达太极拳之精神。能力巧妙，因知各式互相联络，总合而为一体，终非散式也。

○ 是编虽粗浅之言，可以明拳术极深之理、简约之式。可以通拳术至妙之道。

○ 附图均用电照本像，使初学者可以按像模仿。虚心练习，久则玄妙自见，奇效必彰。世有同志者，余将馨香祝之。

注 释

① 工夫：同“功夫”，后同，不另注。

上编　太极拳目录[1]

注 释

①目录：本《太极拳学》原本上下编目录文字，与正文中各章标题不尽一致，现凡相违处（除第八章白鹅亮翅学之外）均按目录统一，不再单另注明。

②白鹤：全书只此一处为“白鹤亮翅”，以后均为“白鹅亮翅”。查拳史资料，白鹤亮翅最早在陈氏太极拳中被称为白鹅亮翅，陈鑫的《陈氏太极拳图说》中记载：“如白鹅之鸟舒展羽翼象形也”，至今陈氏、武氏、孙氏、和氏太极拳中仍有沿用“白鹅亮翅”的叫法。然据本书校注者孙婉容回忆：其自幼得父亲孙存周、姑姑孙剑云传授时，就已经不提“白鹅亮翅”，而只用“白鹤亮翅”了。

③抝，音ǎo，同拗。后同，不另注。

④裆：原文“膻”字，音dāng，本义“耳下垂”之谓，用于此处误，改为“裆”。后同，不另注。

下编　太极拳打手用法

上编　太极拳

第一章　无极学

无极者，当人未练拳术之初，心无所思，意无所动，目无所视，手足无舞蹈，身体无动作，阴阳未判，清浊未分，混混噩噩，一气浑然者也。[①] 夫人生于天地之间，秉阴阳之性，本有浑然之元气，[②] 但为物欲所蔽，于是拙气拙力生焉，加以内不知修，外不知养，以致阴阳不合，内外不一，阳尽生阴，阴极必敝，亦是人之无可如何者。[③] 惟至人有逆运之道，转乾坤，扭气机，能以后天返先天，化其拙气拙力，引火归原，气贯丹田，[④] 于是有拳术十三势之作用，研求一气伸缩之道，所谓无极而能生太极者是也一气者即太极也。十三势者，掤、攦、挤、按、採、挒、肘、靠、进、退、顾、盼、定也。掤、攦、挤、按即坎、离、震、兑，四正方也。採、挒、肘、靠即乾、坤、艮、巽，四斜角也，亦即八卦之理也。[⑤] 进步、退步、左顾、右盼、中定也即金、木、水、火、土也，此五行也。合上述之四正四斜为十三势，此太极拳十三势之所由名也。

其中分为体用，以太极架子进、退、顾、盼、定言，谓之体；以掤、攦、挤、按、採、挒、肘、靠言，谓之用。又或以五行谓之经，八卦谓之纬。总而言之，曰内外体用一气而已。[6]以练架子，为知己功夫；以二人推手，为知人功夫。练架子时，内中精、气、神，贵能全体圆满无亏。操练手法时，手足动作，要在周身灵活不滞。[7]先达[8]云：终朝每日长缠手[9]，功久可以知彼知己[10]，能制人而不为人所制矣。

注 释

① 无极……浑然者也：是说人在未练拳时，思想意识处于寂静状态，混混沌沌。一气浑然：是指天地未分之前，大自然间只有浑然的元气，别无所有。浑：大。

② 夫人生于……元气：是说人生天地之间，秉承阴阳之气，自然就包含有先天的元气。这是道家自古相传的说法，并非科学的论证。

③ 但为……无可如何者：是说人体内在的元气为后天各种情欲所掩盖，加以内修外养不得其当，以致阴阳不合，物极必反，阳尽阴生，阴极必死。修：修炼。养：调养。

④ 惟至人……气贯丹田：是说惟独修养最高的人，能运用逆中行顺之道扭转阴阳、调合气运，能用后天的人力，即经过修养锻炼，使阴阳失调的气质，回复先天浑然的气质，改变其拙气拙力，引其中和之气归于本原，即达于丹田（在脐下三寸处）。至人：古时具有很高的道德修养，超脱世俗，顺应自然而长寿的人，也归于真人一类。

⑤ 于是……八卦之理也：按上文意，要求后天返先天必须依靠拳中的十三势发挥作用，反复锻炼，要求一气运行，往来伸缩，周行无滞。此即“所谓无极而能生太极”。十三势：即拳中掤攌挤按採挒肘靠，进退顾盼定。四正方：即北、坎、掤；南、离、攌；东、震、挤；西、兑、按。四斜角：即西北、乾、採；西南、坤、挒；东北、艮、肘；东南、巽、靠。五行：金，盼也；木，顾也；水，退也；火，进也；土，定也。

⑥ 其中……体用一气而已：说明练架子是体，实际应用为用，五行为经，八卦为纬。总之是说练太极拳时，前、后、左、右、横、竖、正、斜都要运行到家，内外要一气贯注，不可散乱。

⑦ 以练架子……灵活不滞：是说练架子为知己工夫，练二人推手是知人工夫。练拳时精神贯注于全身，手足俱要送到，动作灵活不滞。

⑧ 先达：谓先我而达道者。指先圣先哲。

⑨ 长缠手：长，副词，经常。

⑩ 知彼知己：原文误作“知彼知已”。

第一节　无极学图解

图1　无 极

起点：面向正方，身子直立，两手下垂，两肩不可往下用力，下垂要自然，两足为九十度之形式，如图是也。两足尖亦不用力抓扣，两足后根[①]亦不用力蹬扭，身子如同立在沙漠之地。手足亦无往来动作之节制，身心未知开合顶劲之灵活，但顺其自然之性，流行不已。心中空空洞洞，内无所思，外无所视，伸缩往来，进退动作，皆无朕兆[②]（图1）。

注 释

① 后根：“根”亦作“跟”。后同，不另注。

② 朕兆：事物发动之前表现出的苗头，谓之朕兆，此处因无任何发动，所以说无朕兆。

第二章　太极学

太极者，在于无极之中，先求一至中和至虚灵之极点，其气之隐于内也，则为德；其气之现于外也，则为道。[①] 内外一气之流行，可以位天地，孕阴阳，故拳术之内劲，实为人身之基础。[②] 在天曰命，在人曰性，在物曰理，在技曰内家拳术，名称虽殊，其理则一，故名之曰太极。[③] 古人云："无极而太极。"不独拳术为然，推而及于圣贤之所谓执中，佛家之所谓圆觉，道家之所谓谷神，名词虽殊，要皆此气之流行已耳。故内家拳术，实与道家相表里，岂仅健身体、延年寿而已哉！[④]

注释

① 太极者……则为道：谓太极从无极中来。练拳的人先要寻求其自身原有的一种最中和最虚灵的元气，此气或隐于内，或现于外，在内为德，在外为道。德：谓修养而得之心，故在内。道：谓事物当行之理，行于外者谓道。这是说内外兼修，使之阴阳调合，内外一气，达到周身虚灵无滞。

② 内外……基础：接上句是说做到内外兼修，一气流行，就可以正天地之位，含阴阳之气，也就是说阴阳调和，这便是练得内劲的作用，所以此

内劲实为人身的基础。

③ 在天……名之曰太极：是说太极一气，无处不存在，随处各有其名，各有其用。在自然曰命，在人类曰性，在事物间曰理，在拳技中曰内家拳术，亦名内劲。名不同而理则一，所以名太极。

④ 古人云……延年寿而已哉：这一段是说，若能贯通运用由无极至太极，不仅在拳术上能起到上述作用，推而至于儒家的执中（执守中道），佛家的圆觉（圆满清澈的认识），道家的谷神（调养性灵至虚空不测之变化），各家所用名词虽殊，要皆用此一气流行的结果。故此内家拳术实与道家之道相表里，道理至深，岂仅止于健身！执中，确守正中，无过无不及。谷神：《老子》有“谷神不死是谓玄牝”，谷者养也，人能养神所以不死。谷是形容空虚，神是形容不测的变化。执中、圆觉、谷神分别是儒、佛、道三家各自修养达到的最高境界。

第一节　太极学图解

起点：两手下垂，两肩松开，右足尖向里扭直，与左足成为四十五度之形式。头与右足向里扭时，同时亦向左边扭转，两眼向斜角看

图2　太极

去。将心稳住，气往下沉。腰用意塌住，要自然，不可用拙力塌劲。头扭之时，要与心意、丹田、上下内外，如同一气旋转之意。舌顶上腭，谷道[1]上提。如此则谓之转乾坤、扭气机，逆运先天真一之气，[2]此气名之曰太极。先哲云：“太极即一气，一气即太极。”观此，则圣贤仙佛以及内家拳术，无不当有其极，无不当保其极，更应无所不用其极，

不然而欲修至身体轻灵，内外一气，与太虚同体难矣（图 2）。③

注 释

① 谷道：肛门。

② 如此……真一之气：接上所述意，是说做到上面所要求的动作，便能调剂阴阳、通畅气运，将后天的拙气拙力化为中和之气，返于丹田。

③ 观此……难矣：承接上文说，不论儒、道、佛哪一家和练内家拳者，都应当修养而有此气，都应当保住此气，应当在任何场所都能运用此气，如此才能修到身体轻灵，否则要想轻灵是不可能的。圣贤：儒家。仙：道家。内家拳术：指练内家拳取得最高成就者。

第三章　懒扎衣学

第一节　懒扎衣学图解

图 3　懒扎衣

先将两手合向里扭，扭至两手心相对，两手再徐徐同时一气如抱着大圆球相似。两手之距离远近，顺着自己的两肩，向左斜角，自下边往前、又往上边起。两手起时，与吸气同时，如同画两条弧线，画至离丹田处即小腹二三寸许（图 3）。

第二节　懒扎衣学图解

前式似停而未停之时，即将两手仍如抱着一圆球，靠着身子，与呼气同时往回返画弧线。此种呼吸不可有声。右手画至心口，与左手平直，身子仍直立，不可俯仰歪斜。两腿于两手返画时，要同时徐徐往下弯①曲。弯至里曲圆满，上下似半月形。腰要塌住劲昔人云："以腰为主宰，刻刻留意在腰间”，是此意也。两腿里根同时往回缩劲，右足后根极力往上蹬劲语云：“劲起于脚根”，亦此意也。[2] 头亦极力往上顶劲，心要虚灵将两肩松开，再将气力用意往回收缩，用神逆运于丹田，则心自然虚灵矣（图 4）。

图 4　懒扎衣

注 释

① 弯：原文“湾”，此处当作“弯”，动词，意折，使弯曲。后同，不另注。

② 腰是贯通上下肢体的枢纽，运动中以腰发力，传于肩，肩催肘，肘催手。腰又是身法技巧的关键，旋转、俯仰、伸缩、收放，全赖腰来主宰，故有“刻刻留意在腰间”之语。

第三节　懒扎衣学图解

将前式亦似停而未停之时，左足再向左斜角迈去，足后根似落未落地之时，两手再从心口前后着徐徐一气，向左斜角伸去，伸至极处。两肩亦同时往回缩劲即是松开两肩。两股前节要有力。以上蹬顶伸缩，皆是用意，不要用拙力。先哲云“虚灵顶劲”[1]是也。又云：“不丢不顶，引进落空”，是打手用法之意，不在此例。右足于两手伸时，亦同时向前跟步，足尖着地。离前左足二三寸许，停住。左足于右足迈时，亦

图 5　懒扎衣

渐渐满足着地。两手仍如同抱着圆球相似，两眼随着两手当中看去（图 5）。

注 释

① 虚灵顶劲：虚是实的反面，实易滞，所以非虚不能灵；顶者，头顶。虚灵顶劲是敛神于顶，这样才能提得起精神；能提得起精神，身体自然轻灵。

第四节　懒扎衣学图解

图 6　懒扎衣

外形式似停，而内中之气不停，两肩里根与两腿里根即速均往回缩劲，腹内要圆满虚空[①]，神气以意逆运至丹田神气收敛入骨，是此意也。再将两手，一气往右边，如画平弧线，右手画至与右肩平直，左手心与右胳膊里曲相齐。左足尖仰起，足后根着地，如螺丝[②]轴之意。左足尖与身手同时向右边旋转，右足根亦同时徐徐着地。两眼望着右手看去，不可停住（图 6）。

注 释

① 腹内要圆满虚空：是说腹内充满元气，中心泰然自然虚空。

② 螺丝：原文“罗丝”误，改为“螺丝”。后同，不另注。

第五节　懒扎衣学图解

再将右足往前迈去，足后根着地，随即将两手一气着，于右足往前迈时，同时如转一圆圈相似，转至两手心向外，左手心离着右手里腕二三寸许，两手再一气往前推去。两胳膊略弯曲点。左足于两手向前推时同时跟步，足尖着地，离右足二三寸许。右足尖亦同时往下落地，两足尖均对斜角。两眼仍看前右手，微停。腹内要虚空即是松静，舌顶上腭，谷道上提。腰要塌劲，足蹬劲，头顶劲古人云："腹内松静气腾然，尾闾正中神贯顶，满身轻利顶头悬"是此意也，两肩、两腿里根缩劲仍如前。亦皆是用意，不是用拙力。以后仿此，自起点至五节，要一气流行。不惟五节如此，由始至终亦要周身节节贯串，勿令丝毫间断，学者不可忽也（图 7）。

图 7　懒扎衣

第四章　开手学

第一节　开手学图解

图8　开 手

即将两手如同抱着气球，内中之气亦如同往外放大之意。两手大指离胸前一二寸许，平着往左右分开，开至两手虎口与两肩尖相对，两手五指俱[①]张开，微停（图 8）。

注 释

① 俱：原文“具”通“俱”。后同，不另注。

第五章　合手学

第一节　合手学图解

即将右足尖仰起，足后根着地，亦如同螺丝轴旋转之意，向着左边扭转，扭至足正直。身子扭转要一气，不可有忽起忽落、间断之形式。劲要和平，不可有努力乖戾气象。再两手于右足扭时，要同时亦如同抱着气球，往回缩小之意，往一处合，合至两大手指相离寸许，两手心空着，仍如同抱着圆球相似。两腿要弯曲，右足着地，左足后根欠起，足尖着地，停住。两眼看两手当中。身体动作，阴阳要得宜。手足扭转开合要自然，周身不可有一毫勉强之力（图 9）[1]。

图 9　合手

注 释

① 关于第四第五两章开手合手的练法，目前与原书练法稍异。即接第三章五节懒扎衣式，将左足落实，右足以脚跟为轴向左转，边转边开，右足落实，左足跟欠起，足尖着地；同时，两手心相对往一处合。学者愿习何式，无大关系，知之可也。

第六章　单鞭学

第一节　单鞭学图解

先将两手腕往外扭，再从心口横平着，如搬长竿往左右徐徐分开到极处，两手心朝外，两手掌直立，两手指与眼相平。两眼看右手食指梢。左足当两手分开之时，亦同时往左边迈去，斜横着落地。右足横直着，左膝与左足根成一垂直线。两腿里曲要圆满，不可有死弯子。身子仍要直，两肩要松开，两腿里根亦要松开缩劲。两肩两腿里根均松开，腹即能松开；腹松开，气即能收敛入骨，神舒体静。腹内之气不可骤然往下压力，要以意运气，徐徐下注于丹田。《道德经》云："绵绵若存"[①]，亦是此意也（图 10）。

图 10　单 鞭

注 释

① 绵绵若存：绵绵不绝之意，徐徐下注于丹田，即不绝如缕慢慢下注。

第七章　提手上式学

第一节　提手上式学图解

先将全身重心移在左腿上，腰塌住劲。随后将左手手心朝外着，如画上弧线，画至手背靠着头天庭处停住；右手与左手同时，亦如画下弧线，画至大指根，靠着丹田气海处即小腹停住。右足亦与两手同时往左腿处合并，两腿似挨未挨，足尖落地，与左足尖相齐，两足相离半寸许，两腿弯曲似半月形。身子仍直着稳住，两肩两腿里根，于两手两足动时，俱要松开。腹亦松开，内中之气不可用压力往下沉，要以神贯注。身子形式虽停而意仍未停。再换式总要一气贯串，学者不可不知（图 11）。

图 11　提手上式

第八章　白鹅亮翅学

第一节　白鹅亮翅学图解

再将左手从头部往下落，落至心口下边，肘靠着胁，大指根靠着腹，停住。右手腕往外扭，扭至手心朝外，从小腹处与左手同时，自左手外边往上起，起至头部，手背靠着天庭处。右足与两手同时往前迈步，足后根着地。两足之距离，在自己酌定。右足落地时，身子直着，不能移动重心为至善处。腰塌住劲，两肩两腿里根，皆用意往回缩劲，然不可显缩，头顶不可显顶，心中虚静，空空洞洞，要无所朕兆，不着意思，自然稳住，方为神妙（图 12）。

图 12　白鹅亮翅

第二节　白鹅亮翅学图解

再将右手大指根，离着右边脸面，似挨未挨着，从头处往下落，落时肘要直着往下坠，左手从心口下边，于右手往下落时，同时靠着身子微微往上起，起至心口，与右手相齐，两手大指，相离寸许。右足与两手起落时，足尖徐徐着地，将重心移在右腿上。左足后根与右足尖落地时，亦同时欠起，往前跟步，跟至右足根后边，仍足尖着地。腰塌住劲，两手与身子一气着，徐徐往前推，推至两胳膊似曲非曲，似直非直。两眼看两手当中，停住（图 13）。

图 13　白鹅亮翅

第九章　开手学

图 14　开　手①

注　释

① 原文此处无图，为阅读便利，此处按提示加图。后同，不另注。

第十章　合手学

图 15　合 手

第十一章　搂膝拗步学

第一节　搂膝拗步学图解

先将左手五指往右边落，再从心口右边往下斜着搂一弧线，搂至左胯处，大指、二指撑开如半月形，大指离胯一二寸许，左足与左手搂时，同时往左边斜着迈去，足后根着地。右手与左手五指往右边落时，手心仍朝里着，与开手式相似，同时往右边开去，开至大指与右肩相平，再即速将食指梢从右口角寸许往左边推去，推至胳膊似直非直，似曲非曲，食指梢与口相平。右足与右手同时往前迈步，迈至左足胫骨前落下，足尖着地。左足俟右足迈时，足尖徐徐点着地，两眼仍看前手食指梢。腹内俟左手搂时，即速松开。以上皆是用神气贯注，不可用拙力。身子仍直着，重心移在左腿上。式微停，而内中之意仍不断。腹内松开时，如同手提纱灯，从顶直着往下按，按至形式圆满，内里虚空着。圆

图 16　左式搂膝拗步

满喻周身无亏，虚空喻腹内松开之意。虽然譬喻，总在学者，神而明之也（图 16）。

第十二章　手挥琵琶式学

第一节　手挥琵琶式学图解

先将两手五指俱伸直，手虎口朝上着。右足即速再往后撤步，足尖着地，撤步之远近，不移动重心为至善处。随即将右手往回拉，拉至心口前停住。左手与右手往回拉时，同时往前伸去至极处。左足亦同时往后撤，撤至右足前边，足后根与右足相离半寸许，足尖着地，停住。右足后根，亦与左足往回撤时着地。惟是身子往回撤时，神气稳住，不偏不倚，腹内松静，周身轻灵，如同悬空之意。内外要一气着往后撤，不可散乱。练者宜深思之（图 17）。

图 17　左式手挥琵琶式

第十三章　进步搬拦捶学

第一节　进步搬拦捶学图解

先将左手往左胁搂，左足于左手搂时，同时往前迈步。右手同时手心向上，从左手下面向前伸至极处。随后右手往右胁搂，右足亦同时往前迈步。式子不要停。再将左手往前出去，又往下扣，如同扣人的手相似扣去。左足仍与左手扣时，同时往前迈步。右手握上拳，从右胁于左手往下扣时，即速往左手腕上边直着打出去，拳与心口平，左手背朝上着，与右手往前出时，同时往心口里来，左手里腕靠着心口。右足与右手出去时，亦同时跟步，离左足后根一二寸许停住，两眼看右手食指中节，身体形式如图是也。右拳往前打时，两肩不可往下硬垂劲，两肩两胯里根及腹内仍是松开，精神贯注。身式要中正，意气要和平而不可乖谬（图 18）。

图 18　搬拦捶

第十四章　如封似闭学

第一节　如封似闭学图解

先将右手往回抽，左手与右手往回抽时，从右胳膊下边挨着，同时往前伸去。两手一抽一伸，至两手相齐为止。两手腕均向外扭劲，扭至两手心朝外。右足于右手抽时，亦同时往后撤步，撤至两足相离远近，量自己身子高矮而定，足落地时，总不移动周身的重心为至善处。随后两手与左足撤时，同时往回抽，两大指相离寸许，抽至心口，轻轻靠住。左足撤回时足尖着地，足后根离右足寸许，两腿里曲要圆满，似半月形，如图是也。但是身子往回撤时，要一气着，身子如同立在船上，面向西着，船往东行，要一气撤回，身子要平稳，不可忽起忽落，高矮要一律（图 19）。

图 19　如封似闭

第十五章　抱虎推山学

第一节　抱虎推山学图解

再将两手心朝外着，一齐往前推去，与心口平，两胳膊似曲非曲，似直非直，两眼看两手当中，停住。左足与两手往前推时，同时极力往前迈步，右足亦随后紧跟步，离左足一二寸许，身子高矮与前式仍是一律。勿散乱，腰要塌住劲，又要松开劲。周身内外之气与劲，仍如前松沉。两手两腿及身形式样，如图是也。外形虽微停，而内中之意不可止，是在学者意会之（图 20）。

图 20　抱虎推山

第十六章　开手学

第一节　开手学图解

图 21　右转开手

即将左足尖仰起，足后根着地，亦同螺丝轴旋转之意，向着右边扭转，扭至左足正直。身子扭转亦总要一气，不可有忽起忽落、间断之形式，劲亦要和平，不可有努力乖戾之气象。再两手与左足扭时，如同抱着气球，内中之气，往外放大之意，两手大指离胸前一二寸许，平着分开，开至两手虎口与两肩尖相对，两手五指俱张开，微停（图21）。

第十七章　合手学

第一节　合手学图解

两手同时再往一处缩窄，两手相离，两腿弯曲，两眼看处，身体动作，均与第四章、第五章开合形式相同。但彼式身子是向左转，是右足转；此式身子是向右转，是左足转，因身足略有分别，故又另作此二图也（图 22）。

图 22　右转合手

第十八章　搂膝拗步学

第一节　搂膝拗步学图解

先将右手五指往左边落，再从心口左边往下斜着搂一弧线，搂至右胯处，大指二指撑开，如半月形，大指离胯一二寸许。右足与右手搂时，同时往右边斜着迈去，足后根着地。左手与右手五指往左边落时，手心仍朝里着，与开手式相似，同时往左边开去，开至大指与左肩相平，再即速将食指梢从口角寸许往右边推去，推至胳膊似直非直，似曲非曲，食指梢与口相平。左足与左手同时往前迈步，迈至右足胫骨前落下，足尖着地。两眼仍看前手食指梢。腹内之气，塌腰松裆，一切神气，均与第十一章相同（图 23）。

图 23　右式搂膝拗步

第十九章　手挥琵琶式学

第一节　手挥琵琶式学图解

先将两手五指均伸直，手虎口朝上着。左足即速再往后撤步，足尖着地。随即将左手往回拉，拉至心口前停住。右手与左手往回拉时，同时往前伸去至极处。右足亦同时往后撤，撤至左足前边，足后根与左足相离半寸许，足尖着地，停住。左足后根与右足往回撤时，足后根亦着地。但身子往回撤时，内外之神气轻灵一切，皆与第十二章相同（图 24）。

图 24　右式手挥琵琶式

注　释

上式至公晚年有所改动如下：

接右搂膝拗步左手推向前边时，左手外旋手心向上，右手手心向下前伸，两手如抱球状。同时，左足后撤，斜横着落地，两手一齐向下划一弧线至腹前，右足撤至左足前，足尖着地。接着右手内旋成手心向上，左手外旋成手心向下，提至胸前，两手前后着，即左手在右手腕上，一同向前推去。同时，右足向前迈出，左足跟步至右足踝骨内侧，足尖着地。随即左足后撤；同时，两手平着向前向外再向后划一半圆，至右肩前两手心俱转为手心向外，身体重心后坐于左足，右足尖翘起。式不停，两手仍前后着一起向前推去。右足尖同时着地，左足跟步足尖着地，离右足跟二三寸许，眼看右手。重心后坐即是缩劲。练套路时，可按旧式习练，亦可按上式习练，无甚关系，学者知之可也。

第二十章　懒扎衣学

第一节　懒扎衣学图解

身体动作、两手转圈、两足起落、腹内一切之劲性情意，皆与第三章懒扎衣第五节式相同，不再赘述（图 25）。

图 25　懒扎衣

第二十一章　开手学

图 26　开 手

第二十二章　合手学

图 27　合 手

第二十三章　单鞭学

图 28　单 鞭

第二十四章　肘下看捶学

第一节　肘下看捶学图解

将左手仍用掌往前极力用意伸住，腹内亦用神气贯注，身子不可有一毫俯仰之形。随后将右手握上拳，胳膊如同藤子棍曲回，靠着胁，拳从脐处往前左肘伸去。右足与右手伸时，同时往前迈步，至左足里边当中落下，足尖落地，两足相离半寸许。两手同时往前伸住，两肩与两胯里根亦用意往回缩住。伸缩总要一气。似停而未停之时，即将右足往回撤，足尖着地，左足随后亦往回撤，撤至右足前边落下，两手仍伸住，不可移动。两足往后撤时，身子之形式、各处之劲、虚灵之情、两足相离之远近，均与第十二章手挥琵琶式相同（图 29）。

图 29　肘下看捶

第二十五章　倒辇猴左式学

第一节　倒辇猴左式学图解

先将左手往胸前处来，大指至胸前二三寸许，将手心往下扣，右手于左手往胸前来时，手心朝上着，同时往右边斜着往下落。右足亦于两手扣落时，同时将足尖欠起，足后根着地，如螺丝之意往里扭转，扭至足尖或正直或微往里扣着点，足尖落地。再将左手从心口斜着，往左边搂一弧线，大指、二指撑开，如半月形，搂至大指离左胯一二寸许。左足与左手搂时，同时亦斜着往左边迈步，足后根落地。再将右手手心向上着，往上抬起，起至与右肩相平，手心再向里着，五指俱张开，食指梢从右口角往前推去。两手之曲直，皆与搂膝拗步相同。右足亦与右手往前推时，同时往前跟步，跟至左足中间，相离四五寸许落下，足尖着地。两足之形式，如图是也。此式自两手两足动作始末，要一气串成，内中并无间断，如同圆球滚一周圈，无有停滞之意。内中之气，自胸至丹田，与坐功坐至静极时，腹内如空洞相似，周身之神气，全注于丹田沉住。故内家拳与丹学实相表里，内中之气，诚有确据，并非空谈。实地练习，功久自知（图 30）。

图 30　左式倒辇猴

第二十六章　倒辇猴右式学

第一节　倒辇猴右式学图解

先将左足尖欠起，足后根亦如螺丝之意，往里扭转。足之形式，与左式转右足后根之形相同。再将右手往右边，斜着搂一弧线，大指、二指撑开，如半月形，搂至大指离右胯一二寸许，再将左手心向上着，往上抬起，起至与左肩相平，手心再向里着，五指张着，食指梢亦从左口角往前推去。两手之形式、两足之距离、周身之动作、内外之气劲，均与左式相同，左右循环之式、数之多寡，各听其便，不拘一定（图31）。

图31　右式倒辇猴

第二十七章　手挥琵琶式学

图 32　右式手挥琵琶式

第二十八章　白鹅亮翅学

图 33　白鹅亮翅一

图 34　白鹅亮翅二

第二十九章　开手学

图 35　开 手

第三十章　合手学

图 36　合 手

第三十一章　搂膝拗步学

图 37　左式搂膝拗步

第三十二章　手挥琵琶式学

图 38　左式手挥琵琶式

第三十三章　三通背学

第一节　三通背学图解

先将右手往后画一弧线，至头顶不可停住，再从头顶，与前要一气着往下按，按至两腿当中，离地七寸上下停住。左手于右手往后画时，同时往回抽，在左胯上、左肋下边，手心朝里靠住。再将左足于右手往下按时，同时往后撤，撤至足后根，与右足后根似挨未挨之意，足后根欠起，足尖着地。两腿微微弯曲着，两胯里根用意缩住劲，腰亦仍用意塌住。两眼看右手食指根节，腹内亦仍收敛神气于骨髓。身子虽有曲折之形式，而腹内总要含有虚空松开之意，无相挨之情形（图 39）。

图 39　三通背

第二节　三通背学图解

图 40　三通背

再将右胳膊往上抬起，起至手背靠着头正额处，身子亦同时直竖起，又将左手虎口朝上着，同时于胁下往前伸直，手虎口仍朝上着，与心口相平。左足与两手同时极力往前迈去，两足相离之远近，随人之高矮，总要两腿弯曲着，不移动重心为至善处。两眼顺着左手食指梢看去，将神气沉住，且将内外开合，须要分明；虚实动静，务要清楚，不可有一毫之混淆，使内中之神气散乱不整耳（图 40）。

第三节　三通背学一式图解

图 41　一式三通背

先将两足与身子并腰如螺丝形（即研劲），从前边往右转，扭转至面向后边，两手亦与身转时，同时右手从头处，往右后边又往前、往下斜着落去，如画弧线，画至极处，手与肩相平直，手虎口朝上着。又左手心朝里着，亦同时从左边，亦如画弧线至头处，从头处往前、往下落去，画至极处，手虎口亦朝上着，亦与左肩相平直，两手心斜对着，两眼看两手当中。两足仍未离地基，两足之形式，与本章二节图，左作右，右作左，两相互换之式同。两手之劲同时往前伸，两肩亦虚空着往回缩，腰中之劲，微有往下塌之意，是取虚空之意也。周身内外之劲，神气收敛，气往下沉，仍如前。周身之形式，如图是也（图 41）。

第四节[①] 三通背学二式图解

再将左足先往后微垫步，两胯里根并两肩极力往回缩住，再将右足极力往后撤，撤至左足后边斜着落下，如半八字形式。两足之远近，仍随人之高矮勿拘。两手再从前边，如揪虎尾之意，徐徐落在两胯里根。左足与两手往回揪落时，同时亦往回撤，撤至足后根，在右足当中二三寸落下，足尖着地。身子与两手往回揪时，亦徐徐往上起，头要往上顶。身子虽然起直，两腿总要有点弯曲之形。腹内之气仍要缩回丹田，腰仍要往下塌住劲。一切之伸、缩、顶、塌、揪等等之劲，亦皆是用意，不要用拙力（图 42）。

图 42 二式三通背

注 释

① 第四节：原文“第三节”疑有误，改成“第四节”。

第五节[①] 三通背学三式图解

再将两手同时靠着身子往上起，至心口上边，再往上又往前伸去，到极处勿停。左足亦与两手伸时，同时往前迈步，足尖往外斜着落下，亦如半八字形。两足相离之远近，身子仍不动，极力往前迈步，不能移动重心为妙。再将两手又往下落，仍到两胯里根处，右足与两手往下落时，同时往前迈去，至左足前边，足直着落下，足尖着地。两足距离之远近，仍要身子不起不落、不俯不仰、不能移动重心之情形。再将两手仍靠着身子往上起，至心口上边往前推去。两手推法，与第三章懒扎衣五节式相同。右足与两手推时，同时往前迈去落地。左足之跟步、两手之推法、两足之距离，亦同懒扎衣五节式相同。一、二、三节之式，练时不可有凹突处，不可有续断处，总要节节相贯，一气串成，最为要着（图 43）。

图 43 三式三通背

注 释

① 第五节：原文“第三节”有误，改成“第五节”。

第三十四章　开手学

图 44　开手图

第三十五章　合手学

图 45　合手图

第三十六章　单鞭学

图 46　单 鞭

第三十七章　云手学

图 47　云 手

第一节　云手学图解

先将左手从左边，胳膊靠着身子，往右边画一下弧线，至右胳膊里根处，似停而未停。左足于左手画弧线时，同时微往左边迈去落地，足尖仍往左边斜着点（图 47）。

第二节　云手学图解

再将右手从右边，胳膊靠着身子，往左边画一下弧线，至左胳膊里根处，似停而未停。左手再从右胳膊里根处，与右手往下落时，同时往左边画一上弧线，从眼前边，画至左手原起处，似停而未停。右足于右手画时，同时足尖仍往左边，微斜着点迈去，两足相离二三寸许落下。两足之形式，足尖仍向左边斜着点。再右手往右边画时仍如前，左足再往左边迈去之形式亦如前。惟左足落地之远近，随人之高矮，仍不能移动重心为至善。两手、两足循环之式，仍如前两手之形式，如同两个套环圈相似，循环不已，数之多寡自便。但云手时，腰极力塌住劲，身子微有往下坐之形式。左手往右，随着往右，右手往左，随着往左，要与两胳膊一气，随着摇动。外形虽然摇动，而腹内之松空，及神气注于丹田，与动作虚灵，并各处之劲，亦仍然如前（图 48）。

图 48　云 手

第三十八章　高探马学

第一节　高探马学图解

仍再接云手式。两手从左边往右边云时，左手到心口处，胳膊靠着身子，右手亦仍到原起处。左足随着两手往右边云时，同时往回来，落地离右足一二寸许，与右足成一丁字形式。右手再从上边往下落，仍如画下弧线，到右胯处不停，即速往上抬起，手与心口相平直，胳膊似曲非曲，似直非直。左手仍在心口前边，两手心俱朝里着。右足于右手往上抬时，同时斜着往前边迈去落下，足尖着地，足后根离左足一二寸许，两足仍成为丁字形式。身子高矮与前仍一律着，两腿亦仍微曲着点。身式似停而未停（图 49）。

图 49　高探马

第二节　高探马学图解

即速将左手往里扭，扭至手心朝上。右手与左手同时亦往外扭，扭至手心朝下，两手如同抱着一大圆球相似。两手心上下相离三四寸许，两手离心口一二寸许。两足尖与两手扭时，亦均向左边扭，扭至两足正直，或足尖微向左边斜着点亦可，不必拘泥。右足尖仍着地（图 50）。

图 50　高探马

第三节　高探马学图解

再即速将两手腕往外拧，拧至两手之形式如第五章合手式相同，惟身体之形式如前。一切之神气与劲，亦仍如前式。微停，而意仍未停。凡各式，外面虽有停之形式，而内中之意仍未停，以后均仿此（图 51）。

图 51　高探马

第三十九章　右起脚学

第一节　右起脚学图解

图 52　右起脚

再将两手如单鞭式分开，右足与两手分开时，同时踢起，起至与右手相交，两眼望着右手看去。腰微往下塌，腹内松开，气亦要往下沉。式不停，即速将足落回原处，满足着地。两手于右足落时，同时往一处合，形式与第五章合手式相同。左足后根亦即速抬起，足尖着地，眼亦扭向左边看，式微停（图 52）。①

注　释

① 此式练时亦可在右足起后落下时，微内扣，随即左足向右足并拢，足尖着地。其余要点均与原式相同。

第四十章　左起脚学

第一节　左起脚学图解

即速将两手如右式分开，左足踢起，亦与右足踢起相同，手足相交亦相同。又即速将左足落回原处，足尖仍着地。两手亦往一处合，形式如右式。又即将右足并身子微向左转，两眼往左边正面看去，式微停（图 53）。

图 53　左起脚

第四十一章　转身踢脚学

第一节　转身踢脚学图解

再将左足踢起，两手分开，手足相交。两眼看处、腹内之神气，皆与四十章式相同（图 54）。

图 54　左起脚

第四十二章　践步打捶学

第一节　践步打捶学图解

即将左足极力往前落地，两足相离远近，随人之高矮，落地足尖往外斜着。左手于左足落时，同时再往下边左胯处搂回停住。再将右足往左足前边迈去，落地之时，足尖亦往外斜着点，两足之距离，亦随人之高矮勿拘。右手于右足迈时，同时从后边往右耳处不停，再从右脸前边一气着往下搂去，至右[①]胯处停住。左足再往前迈去落地，足尖直着，两足之距离，仍随人之高矮。左手于左足迈时，同时从左胯处往上起，起至脸前，再往下搂至左胯处，如前停住。再右手握上拳，于左手搂时，同时从右胯处往后边如画圆弧线，从耳傍[②]再往前往下，从两腿之中间打下去，至左膝下边停住。两眼看右手。右手往下打时，身子随着往下弯曲，腰总要极力塌住，

图 55　践步打捶

腹内亦极力松开，身体之形式，如图是也。以上搂手、落足、迈足，均要一气着，学者宜细悟之（图 55）③。

注 释

① 右：原文“左”误，改作“右”。

② 傍：音 bàng，古同“旁”，侧近，旁边。后同，不另注。

③ 践步打捶式，今多作如下练法：左足向前落地，足尖外摆。同时，左手手心向下往左胯前搂回，右手向下向前伸出，手心向上。随即右足往左足前迈出一步，足尖外摆。同时，左手手心向上往前伸去，右手手心向下拉回至胸前。左足再向前迈步，足尖里扣。同时，左手翻成手心向下变拳搂至左胯前，右手外旋变拳向后斜向上再向前划弧，经前额向左内踝骨部向下打出，身体随之往下，左腿屈膝，右腿微弓，当右拳向下打时，左拳也随之在左大腿根处向外翻成拳心向上，放在腿根部。

第四十三章　翻身二起学

第一节　翻身二起学图解

先将左足往里扭，扭成半八字形。即速将右手于左足往里扭时，同时从前边往后边，如画上弧线，从头顶前边过去，身子亦一气随着往右边扭转。再右手从头顶前边往下落时，右足同时微往前迈步落地，足尖朝外斜着，亦如半八字形。左手于右手往下落时，亦同时从左胯处往上起，再从左脸处往心口前边搂下去，仍搂至左胯处停住。左足于左手往上起时，同时极力往前迈步，迈至右足前边落下，足尖朝外斜着，仍如半八字形式。两足之距离，亦随人之高矮。再右手落到右胯处，不停，于左手往下搂时，同时自右胯处往上来，手腕往外扭着，如画一小圆圈之意，至右口角处，手心朝外。不停，右足再从后边提起，往前踢去。右手于右足往前踢时，同时从口角处往前出去，望着右脚面拍去。手足相交之式，手足高矮与心口相平。式不停，即将右足撤回，撤至左足后边来，足尖对着左足后根，足尖着地。右手不回来，仍直伸着。再左手于右足往后撤时，同时往前边出去伸直，右手仍在前，左手仍在后，两手心俱朝里斜对着。腰微往下塌劲，微停，身之形式，如图是也。自扭足、翻身、搂手、踢足至塌腰，是一气呵成，不可间断（图 56）。

图 56　翻身二起

第四十四章　披身伏虎学

第一节　披身伏虎学图解

先将左足极力撤回，至右足后边，落地仍是半八字形式，再随即将两手同时一气着往下、往回拉。拉时之情形，两手如同拉一有轮之重物，拉着非易亦非难之神气。身子又徐徐往上起，头亦有往上顶之形式。身子虽然往上起，而内中之气仍然往下沉注于丹田。所以拳中要顺中有逆，逆中有顺也。身子往上起为顺，气往下沉则为逆矣。再右足于两手往回拉时，同时往回撤，撤至左足外①一二寸许落下，足后根对着左足当中。两手拉回时不停，再一气着从左胯处，往后边轮②一圆圈至前边，落在小腹处，亦不停，即将两手腕往外撑，又往下塌，两手稍往上仰起，两手之形式，如第五章合手图式。左足与两手往下轮落时，同时将足往里扭，足尖着地。右足与两手往

图 57　披身伏虎

下塌时同时略抬起，足尖朝外斜着落下，仍如半八字形式。两腿弯曲如翦[③]子股形式，左膝微靠着右腿里曲。身子与两手腕往下塌时，腰亦同时往下塌。身子仍直着，式微停。两眼往前看去，周身内外之神气如前。身体之形式，如图是也（图 57）。

注 释

① 外：原文“处”，当作“外”。

② 轮：用力挥动。现多作“抡”。

③ 翦：同“剪”，后同，不另注。

第四十五章　左踢脚学

第一节　左踢脚学图解

先将两手如单鞭式分开，左足于两手分时同时往正面踢去，手足相交之形式，并神气，与第四十一章转身踢脚之形式相同（图 58）。

图 58　左起脚

第四十六章　右蹬脚学

第一节　右蹬脚学图解

左足不落地，即速将腿曲回，身子向右转，左足落在右足后边，落地足横着，或往里扣着点，不拘。两手与身子向后转时，同时往一处合并，形式亦与合手式相同。右足亦于身子向后转时，同时足后根欠起，足尖着地，身子转过来再蹬脚（图 59）。

图 59　右起脚

第四十七章　上步搬拦捶学

第一节　上步搬拦捶学图解

即将右足落在前边，足尖向外斜着，如半八字形落下。两足之远近，仍随人之高矮，惟是神气身形不可过，亦不可不及。再往前上左步，后右足紧跟步。左手往下搂，右手挽回右胁，再往前打去。此式与第十三章进步搬拦捶，上下内外均皆相同，但前章之进步搬拦捶，系进三步，此是上左一步，故有进、上搬拦捶之分别耳（图 60）。

图 60　搬拦捶

第四十八章　如封似闭学

图 61　如封似闭

第四十九章　抱虎推山学

图 62　抱虎推山图

第五十章　右转开手学

图 63　右转开手图

第五十一章　右转合手学

图 64　右转合手

第五十二章　搂膝拗步学

图 65　右式搂膝拗步

第五十三章　手挥琵琶式学

图 66　右式手挥琵琶式

第五十四章　懒扎衣学

图 67　懒扎衣

第五十五章　开手学

图 68　开 手

第五十六章　合手学

图 69　合 手

第五十七章　斜单鞭学

第一节　斜单鞭学图解

即将左足往斜角迈去，两手分开，及身之形式，仍与第六章单鞭式相同。

图 70　单 鞭

第五十八章　野马分鬃学

第一节　野马分鬃学图解

先将左足极力往后边撤，落地足尖往外斜着。左手于左足往后撤时，同时往下落至小腹处；从小腹处，再往上起，至心口右边；从心口右边再往上起，至眼前头；再从眼前头，仍往左边落下去，如画一圆圈形式。右手俟左手画到心口右边时，亦往下落至小腹处；从小腹至心口左边；从心口左边再往上起，至眼前边；从眼前边，仍往右边落下去，亦如画一圆圈形式。再右足亦于右手从小腹处往上画时，同时往左足处来，足尖往里合着点落下，足尖着地，两足之距离，四五寸许，如图是也。式不停，即速再从左足处，与右手往下落时，同时斜着往右边迈去，落地足尖往外斜着。又两手在前边，手心朝外着，如同两个圆圈相套之形式，如是也。再将左足往前极力斜着，如返弧线形式迈去。如是也。落地足尖仍往外斜着，左手仍与左足同时，如前画一圆圈。右足俟左足方落地时，亦往前直着极力迈去，落地足尖往里扣着点。右手于右足迈时，亦如前画一圆圈形式，两手仍如前两圈相套之形式。但画第二个套圈时，右手画到心口右前边，左手画到心口左后边，即速往右手腕去。两手与右足往前迈时，同时往前如第三章五节懒扎衣式推去相同。左足亦于两手推时，同时亦往前跟步。落地两足相离之远近，及一切之劲，仍与第三章五节懒扎衣式相同。微停（图 71）。

图 71　野马分鬃

第五十九章　开手学

图 72　开 手

第六十章　合手学

图 73　合 手

第六十一章　单鞭学

图 74　单 鞭

第六十二章　右通背掌学

第一节　右通背掌学图解

即将左手从左边，往上如画一上弧线，画至头处，手背紧靠正额处。身子往右转，左足于左手往上画时，同时如螺丝形往里扣，如半八字形式，右足亦同时，如螺丝形往外扭，足尖往里扣着点，两足仍不离原地。右手于左手往上画时，极力虚空着往前伸劲。两眼顺着前右手食指看去，两肩里根并两胯里根，亦同时极力虚空着往里收缩。收缩之理，喻地之四围皆高，当中有一无底深穴，四面之水皆收缩于穴中之意。是在学者体察之（图75）。

图 75　右通背掌

第六十三章　玉女穿梭学

第一节　玉女穿梭学图解

图 76　玉女穿梭

将右手往回抽，抽至里手腕到心口处。左手于右手往回抽时，同时手腕往里拧着往下落，落至右手梢上边，手心朝里着，两肘靠着胁。右足于两手抽落时，同时亦略往回来，落地足尖往外斜着，如半八字形式。两腿要略弯曲点，两眼顺着左手看去，不停（图 76）。

第二节　玉女穿梭学图解

再将左手腕往外拧着，往上翻起，手背靠着正额处。左足于左手往上翻时，同时再往斜角极力迈去。右足于左足迈时，随后紧跟步，落地两足相离二三寸许。右手在心口处，与左手翻时并左足迈时，要与身子一气，有往前推去之意。胳膊靠着身子，手略往前推出去，不必太远（图 77）。

图 77　玉女穿梭

第三节　玉女穿梭学图解

即速将左足极力往里扭扣，再将左手于左足往里扣时，同时往下落，落至里手腕到心口处。再右手于左手往下落时，同时手腕往里拧，又往上起，起至左手梢上边，手心朝里。两肘仍靠着身子，与左足扣时一气着往右转。再将右手腕往外拧着，往上翻起，手背亦靠着头正额处。右足于右手往上翻时，同时往斜角极力迈去。左足于右足迈时，随后亦紧跟步，落地两足相离二三寸许。左手在心口处，与右手翻时

图 78　玉女穿梭

并右足迈时，同时亦与身子一气着，如同往前推去之意。胳膊仍靠着身子，手略往前推出去，不可太远（图 78）。

第四节　玉女穿梭学图解

图 79　玉女穿梭

再将右足略往前迈去。即将右手于右足迈时，同时往下落至心口处。左手于右手往下落时，同时往里拧，又往上起，起至右手梢上边，手心朝里。两肘亦紧靠着胁，形式与本章第一节相同。再左足斜着往左边迈去，左手腕往外拧着，往上翻起。右足跟步，两足相离远近，及一切之形式并神气意，亦皆与本章第二节相同（图 79）。

第五节　玉女穿梭学图解

图 80　玉女穿梭

再将身子向右转，形式两足、两手动作，并一切之劲，亦皆与本章第三节式相同。但前三节，右足是往斜角迈去，此式右足是往正面迈去。以上练法虽分五节，其理前后，亦皆是一气串成（图 80）。

第六十四章　手挥琵琶式学

第一节　手挥琵琶式学图解

先将左足极力往后撤，两足落地之远近，随乎人之高矮不拘。再将右手从头处，于左足撤时，同时斜着往前往下落去，胳膊伸直，与心口平。左手与右手同时，亦往前伸。左足往后撤时，右足随着亦往后撤。两手并两足落地远近及身法，均与第十九章手挥琵琶式相同（图 81）。

图 81　右式手挥琵琶式

注 释

此式多按第十九章附注中的练法。

第六十五章　懒扎衣学

图 82　懒扎衣

第六十六章　开手学

图 83　开　手

第六十七章　合手学

图 84　合 手

第六十八章　单鞭学

图 85　单 鞭

第六十九章　云手学

图 86　云 手

图 87　云 手

第七十章　云手下势学

第一节　云手下势学图解

云手不停式。将右手云到心口左边时，身子往左转正。左手与身子转时同时往下落，如画弧线到小腹处不停，大指根靠着身子往上起。再右手于左手往上起时，同时略往前伸去点，左手再从右手上边将左手中指盖于右手食指上。再两手前后分开，左手往前推去，伸直与心口平，右手往后拉至右[1]胯处，大指靠住。两手前后分时，身子直着，同时徐徐往下矮去，腰要塌住劲。左足亦于两手分时，同时往前迈步，足后根着地，两足相离远近，亦随乎人之高矮。两腿均要弯曲，右腿作为全体之重心。两眼望着左手看去，腹内松开，手足肩胯，亦不要着力。如图是也（图 88）[2]。

图 88　云手下势

注释

① 右：原文“左”误，改为“右”。

② 云手下式亦可作另式练，即两手云至右边时，左手仍向左云至左胯前，同时左足以脚跟为轴转向左，右足跟至左足后，与左手向左云的同时，右手翻至手心朝上往左前推去，塌住腕，其余左手中指在右手食指上向前推等均与原式相同。

第七十一章　更鸡独立学

第一节　更鸡独立学图解

将右手从右胯处，胳膊似曲非曲，似直非直，往前往上画一弧线。画至手梢与头齐，手梢朝上，大指离脸二寸许。身子于右手画时，同时往上起。右腿极力与右手同时往上抬起，足尖要往上仰着，足后根往下蹬着。腰亦往下塌劲，头项稳住，心中虚空用意往上顶劲，两肩亦要用意往下缩劲。胳膊肘与膝相离二三寸许。左手于右手往上画时，同时如画下弧线，往下落至左胯处，手梢朝下。两眼略用意往上看手梢，式微停（图 89）。

图 89　右式更鸡独立图

第二节　更鸡独立学图解

先将右足略往前往下落去，腿仍曲着，身子直着，随着右腿落时，腰塌住劲往下矬去。右手与右足落时，同时从头处往下落，亦如往下画弧线，右手落至横平时不停。再左手从左胯处，如本章第一节，右手往上起画一弧线相同，亦画至手梢与头齐，手梢朝上，大指离脸二寸许。左腿于左手往上画时，同时极力往上抬[①]起，亦如本章第一节右腿抬起相同。再右手落至横平时，于左手往上起时，同时往下落，至右胯处，手梢朝下。两眼微用意往上看左手梢。再头、手、足、肩、胯，并身子起落，均与本章第一节式相同。式微停，再换式。左右不拘数，勿论数之多寡，总要练至左式为止（图 90）。

图 90　左式更鸡独立

注释

① 抬：原文“台”误，改作“抬”。

第七十二章　倒辇猴学

图 91　左式倒辇猴

图 92　右式倒辇猴

第七十三章　手挥琵琶式学

图 93　右式手挥琵琶式

第七十四章　白鹅亮翅学

图 94　白鹅亮翅一

图 95　白鹅亮翅二

第七十五章　开手学

图 96　开 手

第七十六章　合手学

图 97　合 手

第七十七章　搂膝拗步学

图 98　左式搂膝拗步

第七十八章　手挥琵琶式学

图 99　左式手挥琵琶式

第七十九章　三通背学

图 100　三通背

图 101　三通背

图 102　一式三通背

图 103　二式三通背图

图 104　三式三通背图

第八十章　开手学

图 105　开 手

第八十一章　合手学

图 106　合 手

第八十二章　单鞭学

图 107　单 鞭

第八十三章　云手学

图 108　云手一

图 109　云手二

第八十四章　高探马学

图 110　高探马一

图 111　高探马二

图 112　高探马三

第八十五章　十字摆莲学

第一节　十字摆莲学图解

高探马至如第三十八章第二节式时，不停，即将左手腕往外扭，右手腕同时往里扭。右手翻在下边去，左手翻在上边来。于高探马二节式，两手上下互换。右足于两手扭时，同时足尖往外斜着摆去，足仍不离原地基。随后再将左足往里扣着迈在右足处，两足成为倒八字形式，两足尖相离一二寸许。身子随着左足迈时同时向右转。右手于左足迈时，亦同时往外扭，扭至手心朝下。左手仍在上，右手仍在下，两手心亦俱朝下着，在心口处。式不停，即将右腿极力抬起，脚面挺住劲，脚面朝外着，足心在左膝上边，离腿一二寸许不停，即速往右边斜角摆去。落地两足之距离，随乎人之高矮。两手于右腿抬时，同时如单鞭式，横着分开。两眼望着前正面看去，

图 113　十字摆莲

身中之劲如前。此拳内勿论如何形式，皆不外乎头顶、足蹬、腹松、塌腰，并两肩、两腿里根松缩之理，身体力行，是在学者。旧式两手分时，又右足往外摆时，左手拍右脚面一掌，今不拍，因无大关系，然拍否仍听学者自便可也（图 113）。

第八十六章　进步指裆捶学

第一节　进步指裆捶学图解

先将两眼望着前边低处，如同有一物看去。随即将两手往前伸着，往一处并去，将左手扣于右手腕上，右手卷上拳，右拳如同指着两眼所看之物之意。再将左足于两手合并时，同时往前迈去，次迈右足，或两步，或四步均可，勿拘，总要右足迈在前边为止。右足落地时，随后左足即速跟步，左足尖落在右足当中，足尖着地，两足相离寸许。身体三折形式，小腹放在大腿根上，两腿弯曲着，腰塌住劲，身子有往前扑的形式。手仍扣着右手腕，右拳极力往前伸去，如同指物一般。两足往前所迈之步，大小随人之高矮，不可大，亦不可小，总要不移动重心为妙。两足往前迈时，身体之形式，如同一鸟在树上，束着翅斜着往地下，看着一物飞去之意。两足行

图 114　进步指裆捶

走时，腹内之神气，及各处之劲，均如前式，式微停。停住之形式，如图是也（图 114）。

第八十七章　退步懒扎衣学

第一节　退步懒扎衣学图解

先将左足极力往后撤，右足尖欠起。两手于左足撤时，同时往回来，随即再往前推出去。左足再于两手推出时，同时跟步。两手往回来，及推出去，并跟步，一切之形式，均与第三章懒扎衣第五节式相同（图 115）。

图 115　懒扎衣

第八十八章　开手学

图 116　开　手

第八十九章　合手学

图 117　合 手

第九十章　单鞭学

图 118　单 鞭

第九十一章　单鞭下势学

第一节　单鞭下势学图解

先将右手腕往外撑住劲，手心朝下着，往右胯处来，左手心亦朝下着，与右手同时往下落，胳膊仍直着。身子与两手同时往下矬去。一切之形式，并神气鼓铸①之情意，均与第七十章下式相同（图 119）。

图 119　云手下势图

注 释

① 鼓铸：本义鼓风扇火，冶炼金属，铸造器械或钱币，引申谓陶冶、锻炼。

第九十二章　上步七星学

第一节　上步七星学图解

图 120　上步七星图

先将右手从右胯处如画下弧线，往左手腕下边出去，左手于右手到下边手腕时，同时两手收进怀里，离心口三四寸许，两手上下相交，如十字形式，两手指俱朝上着，两手心亦朝外着。右足于右手往前去时，同时迈在左足处，右足里胫骨与左足后根挨否，勿拘。两腿要弯曲着，身子直着，腰塌住劲，停住之形式，如图是也（图 120）。

第九十三章　下步跨虎学

第一节　下步跨虎学图解

先将两手皆往下搂，左手搂在左胯处，右手搂在右胯处，不停。右足于两手往下搂时，同时极力往后撤，落地半八字形式。随后右手心朝里着，即速从右胯处往上起至眼前边；再从眼前，手心朝下着，如按气球相似往下按去。左足于右手往下按时，同时往后来，足尖着地，足后根离右足寸许。右手往下按时，身子同时往下曲腿塌腰。再右手心仍朝下着，即速往上起，起时如同按着大气球，往上鼓起之意。左腿于右手起时，同时极力往上抬起，足尖仰着，身子与手足亦同时往上起，全身亦如同按着气球，往上起之意，式微停（图 121）。

图 121　下步跨虎

第九十四章　转角摆莲学

第一节　转角摆莲学图解

先将左足极力扣着，往右足尖前边落去。左手于左足落时，同时往右手处来，左手心扣在右手背上，两手离心口一二寸许。右足于左足落时，同时足后根欠起，足尖着地，足后根往里扭，身子同时亦极力往右转。再先将左足极力往里扭扣，随即右腿抬起，极力往右边摆去。左足再于右腿摆时，同时足掌极力往里扭。两手于右足往外摆时，同时用两手拍右脚面，拍时先用左手，次用右手，要用两下拍，响发连声，不要间断。身子是整右转一匝。式不停（图 122）。

图 122　转角摆莲

第九十五章　弯弓射虎学

第一节　弯弓射虎学图解

先将右足往右边斜角摆着往下迈去，落地两足斜顺着。两腿之形式，右腿膝往前弓着点，似曲非曲，似直非直。两手心相对，如同抱着四五寸高之皮球，一气着于右足落时，同时往下又往左边，如转一圆圈。转至上边，与脖项相平。两手心皆朝下着，往左斜角伸去，左手在前、右手在后错综着，仍与脖项相平。两胳膊似曲非曲，似直非直。两眼望着两手中间前边看去。此形式之劲，各处要平均，不要有一处专用力。心内虚空，气往下沉，式微停（图 123）。

图 123　弯弓射虎

第九十六章　双撞捶学

第一节　双撞捶学图解

先将左足极力往前直着迈去，足后根落地，再将两手轻轻卷上拳，手背朝上着，于左足往前迈时，同时用意拉回胸前一二寸许，两手相离二三寸许。随后两拳手背仍朝上着，如前边有一物，即速往前直着撞去。两胳膊似曲非曲，似直非直。心口对着斜角，两眼望着两拳当中，直着看去。右足于两拳往前撞时，同时往前跟步，足尖落地半八字形，与左足后根相离一二寸许。左足于两拳往前撞时，满足着地。腰塌住劲，两腿皆弯曲着，身子要直着点，式微停（图 124）。

图 124　双撞捶

第九十七章　阴阳混一学

第一节　阴阳混一学图解

先将左手腕往里裹，裹至手心朝上，似半月形，拳与脖项相平。右手在心口处一二寸许，胳膊肘靠着胁。再左足于左手往里裹时，同时往里扭直。再右足即速往后撤，撤至三四寸许，落地半八字形式。再左拳往胸前来，右拳与左拳往胸前来时，同时往里裹着往前伸去，左拳在里边，右拳在外边，两手腕相离半寸许。此时两手心皆斜对着胸，式不停，即将左拳往右手腕下边，往外挽去，挽至右手外腕、左手里腕，与右手外腕相挨。腰再往下塌劲，两腿要弯曲。两手外腕，与腰塌时同时一齐往外扭，两手腕与心口平。两手腕如十字形式，左手里腕，离心口三四寸许。左足于两手腕往外扭时，同时略往前迈点步，足后根着地。此时右足作为全体之重心，两

图 125　阴阳混一

腿仍弯曲着，两肩及两腿里根与腹内，均宜松开。头要虚灵顶住劲，舌顶上腭，谷道上提，意注丹田，将元阳收敛入于气海矣（图 125）。

注 释

元阳：即元气。气海：即小腹。

第九十八章　无极还原学

第一节　无极还原学图解

将两手同时如画下弧线往下画去，左手至左胯处，右手至右胯处，两手心挨住两胯。左足于两手往下落时，同时撤至右足处，两足里根相挨，仍还于起点九十度之形式。身子于左足往回撤时，同时往上起直。此时全体不要用力，腹内心神意俱杳，无一毫之思想，空空洞洞，仍还于无极，所谓神行是也（图 126）。

图 126　无极还原

太极拳上编终

下编　太极拳打手用法

第一章　打手[1]用法学

上卷诸式，以无极、太极、阴阳、五行，操练将神气收敛于内，混融而为一，[2]是太极之体也。此卷以八势含五行诸法，动作流行，使神气宣布于外，化而为八，是太极之用也。[3]有体无用，弊在无变化；有用无体，弊在无根本。所以体用兼该，乃得万全。以练体言，是知己[4]工夫；以二人打手言，是知人工夫。练体日久纯熟，能以徧[5]体虚灵，圆活无碍，神气混融而为一体。到此时，后天之精自化，先天之气自然生矣。[6]即使年力就衰，如能去其人欲，时时练习，不独可以延年益寿，直可与太虚同体。先贤云：固灵根而静心，谓之修道。养灵根而动心，谓之武艺，[7]是此意也。以操手练用工纯，能以手足灵活，引进落空，四两拨千斤，神气散布而为十三式，至此时，血气之力自消，神妙之道自至矣。所以人之动静变化，诚伪虚实，机关未动，而我可预知，无论他人如何暗发心机，总不能逃我之妙用。妙用维何？即打手之著法，掤、攦、挤、按、採、挒、肘、靠八法也。总以掤、攦、挤、按四手，为打手根基正手。故先以掤、攦、挤、按四手，常常[8]练习，须向不丢不顶中求玄妙，与不即不离内讨消息，习之纯熟，手中便有分寸，量彼劲之大小，分厘不错；权彼势之长短，毫发无差，前进后退，处处恰合。以后採、挒、肘、靠四法，以及千万手法，皆由掤、攦、挤、按四法中之变化而出。至于因熟生巧，相机善变，非笔墨所能尽，此不过略言大概耳。

古人云：行远自迩[⑨]。所以先将四手浅近之打法，作个起点入门，亦不过使学者先得其打手之门径。若欲深求法中之奥妙，仍宜访求明师，用手引领，得其当然之路深通此技者盖不乏人矣。终朝每日常常打手，不数月，可以得其引进落空、四两拨千斤之要道。得其要道，可以与形意拳、八卦拳，并行不悖矣。并行不悖，合三家并用，能丢而不丢，顶而不顶矣。学者须细参悟之。

注 释

① 打手：即推手。

② 以无极……而为一：练体时，即练套路时，要时刻体验以意行气，务使沉着，将神气收敛入内。练体养气，使身体意、气、力浑然融化成一体。

③ 此卷……太极之用也：八势指掤攦挤按採挒肘靠。五行指进退顾盼定。拳套熟练后，精气气质表现出来，化而成八法，练之内劲自长，无有穷尽。

④ 已：原文“巳”误，改作“已”。

⑤ 徧：同“遍”。

⑥ 有体无用……先天之气自然生矣：是说练拳体用不可偏废，应体用兼修。只会练套路，不会有知人的工夫，便不会有精灵圆活的变化；只注重用，身手便没有基础。

⑦ 先贤云……谓之武艺：灵根，指人有灵性之本，即人体要固本，使人神足气完，在道家用静心修养的方法，使神气不外务，是为修道。至若以

动来养原有的灵根，使人延年益寿，这就是武艺。

⑧ 常常：时常，经常。表示行为、动作发生的次数多，而且时间相隔不久。原文“长长”误，改作“常常”。后同，不另注。

⑨ 行远自迩：迩作近解。行远自迩，即千里之行始于足下，也就是说，若要达到高的境界，必须从基本功练起。

第二章　打手步法学

打手之步法有四：有静步，即站步也；有动步，即活步也；有合步，即对步也，又甲乙皆左皆右均是也；有顺步，甲右乙左、甲左乙右皆是也。初学打手，先以静步为根，以后手法习熟，再打动步为宜。合步、顺步，静动皆可用，勿拘。若打熟之后，动静合顺之步，随时所变，并起点之手法，左右随便所出，左右之式，亦随便所换，均无可无不可矣。古人云："头头是道，面面皆真"，此之谓也。

第三章　打手起点学

第一节　打手起点学图解

(甲乙二人对面合步打手)

(甲上手)　(乙下手)

(甲乙二人皆站无极式)　(图 127)

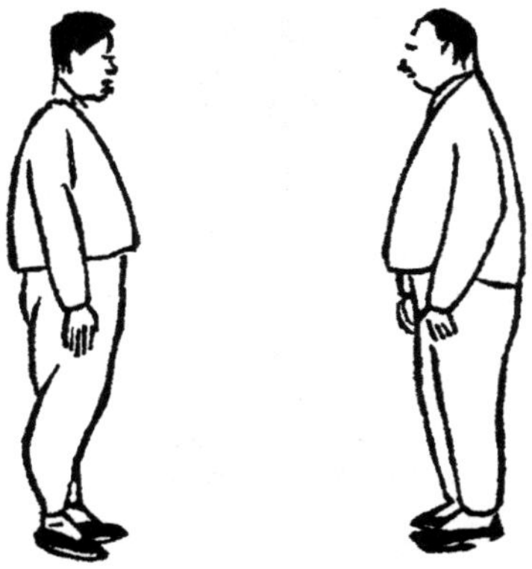

图 127　甲乙无极式

第四章　甲打手起点学

第一节　甲打手起点学图解

甲先进左步直着，左手在前，手心对着胸；右手心扣在左胳膊下节中间，右手腕离心口四五寸许，如左单阴阳鱼形式（图 128）。

图 128　甲起点

第五章　乙打手起点学

第一节　乙打手起点学图解

乙亦先进左步直着，左手在前，手心对着胸。右手心扣在左胳膊下节中间，右手腕离心口四五寸许，如右单阴阳鱼形式（图 129）。

乙

图 129　乙起点

第六章　甲乙打手合一学

第一节　甲乙打手合一学图解

甲乙二人将两形相合，正是两个阴阳鱼合一之太极图也，所以形式动之则分，静之则合是也。动静者亦即《易经》阴阳相摩，八卦相荡之理耳（图 130）。

图 130　甲乙合一

第一节　无极学图解

起点面正，身子直立，两手下垂，两足为九十度之形式，如图是也（图 1）。两足尖亦不往里扣，两足后根①亦不往外扭。两足如立在空虚之地，动静不能自知也。静为无极体，动为无极用。若言其静，则胸中空空洞洞，意向思想一无所有，两目将神定住，内无所观，外无所视也；若言其动，则惟顺其天然之性，旋转不已，并无伸缩往来节制之意思也。然胸中虽空空洞洞，无意向思想之理，但腹内确有至虚至无之根，而能生出无极之气也。其气似雾，氤氤氳氳；黑白不辨，形如湍水；混混沌沌，清浊不分。②惟此拳之形式未定，故名谓之无极形式也。此理虽微，但能心思会悟，身体力行到极处，自能知其所以然也。

图 1　无 极

注 释

① 根：古同“跟”。后同，不另注。

② 其气似雾……清浊不分：此是站无极式腹内所生的真一之气给人的感觉，以形象化描述。

第七章　太极学

太极形式者，无极而生，阴阳之母也。[1]左旋之而为阳，右转之而为阴，旋转乃一气之流行。太极即一气，一气即太极也。[2]以体言则为太极，以用言则为一气。时阳则阳，时阴则阴；时上则上，时下则下；阳而阴，阴而阳；一气活活泼泼，有无不立，开合自然，皆在当中一点子运用也。这一点子即是拳中左旋右转，开阖动静，阴阳相交之中枢也。中枢者为人性命之本，造化之原。丹田之气，八卦拳之根蒂也，此气是天地之根，阴阳之母，即太极是也，故两仪由此而生焉。

注释

①太极……阴阳之母也：太极乃生自无极，而两仪生自太极，故太极谓之阴阳之母。

②左旋之而为阳……一气即太极也：按《周易》之本义，太极是天地未分前，混而为一的元气，这一混沌不分的元气，或者成为阳刚，或者成为阴柔，变化作用无穷，故谓之一气即太极。

第七章　乙搬手学

第一节　乙搬手学图解

甲先将右手望着乙之面伸去。乙即将右手望着甲之右手腕轻轻扣住；再左手与右手同时从甲之右胳膊下边，绕至胳膊上边，亦轻轻扣在甲之右胳膊肘上边，两手一气着，往右边斜角搬去。二人之形式，如太极初动，是为分也，学者看图则知之矣（图 131）。

图 131　乙搬手

第八章　甲挤手学

第一节　甲挤手学图解

甲即将右胳膊直着，手腕向里裹，裹至手心朝里；再即将左手与右手腕向里裹时，一气着，往自己右胳膊下节中间挤去。两眼望着乙之眼看去。二人皆是用意，不要用拙劲，以后仿此（图 132）。

图 132　甲挤手

第九章　乙挪手学

第一节　乙挪手学图解

乙即将两手并身子，与甲挤时，同是不丢不顶着往回撤缩，将前足尖欠起，俟甲将身中之劲跌出，再按（图 133）。

图 133　乙挪手

第十章　乙按手学

第一节　乙按手学图解

乙再即将两手一气着，往甲之左胳膊上按去，左手按在甲之左手背，右手按住甲之左胳膊肘上边，两手一气着往前按去。与形意拳“虎扑子”柔劲扑法相同（图 134）。

图 134　乙按手

第十三章　甲挪手学

第一节　甲挪手学图解

甲即将两手并身子，与乙挤时，同时不丢顶着往后缩，将前足尖欠起，俟乙将身子之劲跌出，再按（图 137）。

图 137　甲挪手

第十四章　甲按手学

第一节　甲按手学图解

甲再即将两手往乙之右胳膊上按去，右手按住乙之右手背，左手按住乙之右胳膊肘上边，两手一气着，往前按去（图 138）。

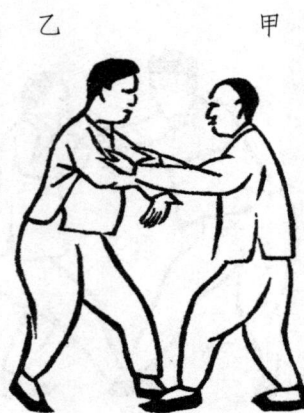

图 138　甲按手

第十五章　乙搬手学

乙再掤搬，甲再挤搬，仍按着前章之次序打去，循环不穷，周而复始，一气贯通。二人如同一个太极图形，动作相似，返来复去，不要有一毫之间断。休息要随便。

第十六章　二人打手换式学

要换右式打法，右式二人换为右足在前。打手俟乙攦时，甲不用挤手，速用自己之右手，将乙之右手往回带，将左手亦即速绕在乙之右胳膊肘上边。两手如前左式，攦法相同攦去。左足于右手往回带时，同时撤至右足后边，落下与左式步法相同。○乙亦即速进右足用挤法，两手如左式挤法相同。以后甲再打攦法、按法。○乙再打攦法，仍与左式循环无端之式相同。此亦是初学打手换式之法，俟熟习之后，亦可以左右式随便更换不拘矣。

第十七章　二人打手活步学

静步熟习后，练时合步、顺步，皆可随便。手法仍与前静步打法相同，惟是足往前进时，先进前足；往后退时，先退后足。步无论合步顺步、前进后退，皆是三步。足进退与身手法要相合，往前进步之人，是按、挤二式；往后退步之人，是掤、攦二式。往来返复，亦是循环无穷。此手法步法，亦不过初学入门之成式。将此式练习纯熟之后，手法、步法、进退往来，随时随便所发，亦不拘矣。

太极拳下编终

第十八章　附亦畲[1]五字诀与撒放密诀并走架打手行工要言

心静

心不静则不专一，举手前后左右全无定向，故要心静。起初举动，未能由己，要息心体认，随人所动，随曲就伸，不丢不顶，勿自伸缩。[2]彼有力我亦有力，我力在先；彼无力我亦有力，我意仍在先。要刻刻留心，挨何处，心要用在何处，须向不丢不顶中讨消息。从此做去，日积月累，便能施之于身。此全是用意，不是用劲，久之则人为我制，我不为人制矣。

注释

① 亦畲：李亦畲先生（1832—1892 年），名经纶，武氏太极拳传人，郝为真先生师事之。

② 随人所动……勿自伸缩：是说与人交手不自作主张，处处从人，彼进我退，逆来顺去，以柔曲化之，既不放开他，也不硬顶他。

身灵

身滞则进退不能自如，故要身灵。举手不可有呆像，彼之力方觉侵我皮毛，我之意已入彼骨里。两手支撑，一气贯穿，左重则左虚而右已去，右重则右虚而左已去。气如车轮，周身俱要相随；有不相随处，身便散乱，便不得力，其病在于腰腿求之①。先以心使身，从人不从己；后使身能从心，由己仍从人。② 由己则滞，从人则活。能从人，手上便有分寸，量彼劲之大小，分厘不错。权彼来之长短，毫发无差。前进后退，处处恰合。工弥久而技弥精。③

注释

① 其病在于腰腿求之：腰为主宰，上下左右前后之动作，皆须腰腿转动，才能完整一气，全身处处相随。若腰腿不动，手脚越有力身体便越散乱。

② 先以心使身……由己仍从人：在推手时，要以意运用黏沾连随诸法，随对方的屈伸而伸屈，然后才能从心所欲，从己仍须从人。

③ 工弥久而技弥精：弥，更加之意。即功夫用得越久，技艺就越精湛。

气敛

气势散漫，便无含蓄，身易散乱。务使气敛入脊骨，呼吸通灵，周身罔间。① 吸为合为蓄，呼为开为发。盖吸则自然提得起，亦拿得人起；呼则自然沉得下，亦放得人出。此是以意运气，非以力运气也。

注释

① 务使……罔间：气之所至，意与力亦俱至，以意行气，气沉丹田，使气收敛入脊骨，然后行气周流全身，呼吸自然无碍。气势含蓄，意舒神

静，由静而整。罔间：即没有缝，没有间隙。

劲整

一身之劲，练成一家，分清虚实。发劲要有根源，劲起脚根主腰间，形于手指，发于脊背。又要提起全付精神，于彼劲将出未发之际，我劲已接入彼劲。[①]恰好不后不先，如皮燃火，如泉涌出，前进后退，无丝毫散乱，曲中求直，蓄而后发，方能随手奏效。此谓借力打人，四两拨千斤也。

注释

①劲起脚根……接入彼劲：先是丹田之气，用意下沉，达于腿脚，气至力至；劲再由两脚起，发于腿、由腿而腰、由腰至顶而至全身，总如一气之完整，劲发时才能得力。且我劲却在彼劲将出未发之际，而后发先至。

神聚

上四者俱备，总归神聚。神聚则一气鼓铸，炼气归神，气势腾挪，精神贯注，开合有致，虚实清楚。左虚则右实，右虚则左实。虚非全然无力，气势要有腾挪。实非全然占煞，精神要贵贯注。紧要全在胸中腰间，运用不在外面。力从人借，气由脊发。胡能气由脊发？气向下沉，由两肩收于脊骨，注于腰间。此气之由上而下也谓之合，由腰形于脊骨，布于两膊，施于手指。此气之由下而上也谓之开。合便是收，开便是放。能懂得开合，便知阴阳。到此地位，工用一日，技精一日，渐至从心所欲，罔不如意也。

撤放密诀

擎引松放四字。

擎开彼劲借彼力中有灵字，引到身前劲始蓄中有敛字，松开我劲勿使屈中有静字，放时腰脚认端的中有整字。

走架打手行工要言

昔人云："能引进落空，便能四两拨千斤；不能引进落空，便不能四两拨千斤。"语甚该括，初学未由[①]领悟，予加数语以解之。俾有志斯技者，得所从入，庶日进有功矣。欲要引进落空、四两拨千斤，先要知己知彼。欲要知己知彼，先要舍己从人。欲要舍己从人，先要得机得势。欲要得机得势，先要周身一家。欲要周身一家，先要周身无有缺陷。欲要周身无有缺陷，先要神气鼓荡。欲要神气鼓荡，先要提起精神。欲要提起精神，先要神不外散。欲要神不外散，先要神气收敛入骨。欲要神气收敛入骨，先要两股前节有力，两肩松开，气向下沉。劲起于脚根，变换在腿，含蓄在胸，运动在两肩，主宰在腰。上于两膊相系，下于两腿相随。劲由内换，收便是合，放即是开。静则俱静，静是合，合中寓开。动则俱动，动是开，开中寓合。触之则旋转自如，无不得力，才能引进落空、四两拨千斤。平日走架是知己工夫，一动势先问自己周身合上数项否，少有不合，即速改换。走架所以要慢，不要快。打手是知人功夫，动静固是知人，仍是问己。自己安[②]排得好，人一挨我，我不动彼丝毫，趁势而入，接定彼劲，彼自跌出。如自己有不得力处，便是双重未化，要于阴阳开合求之。所谓知己知彼，百战百胜也。

注 释

① 未由：无由。见唐·韩愈《宪宗崩慰诸道疏》："限以官守，拜以未由"。原文"末由"误。

② 安：原文"按"误，改为"安"。

太极拳全编终

新书预告

武学名家典籍丛书

孙禄堂武学集注

（形意拳学　八卦拳学　太极拳学　八卦剑学　拳意述真）

孙禄堂　著　　孙婉容　校注　　　　定价：288 元

杨澄甫武学辑注

（太极拳使用法　太极拳体用全书）

杨澄甫　著　　邵奇青　校注　　　　定价：178 元

陈微明武学辑注

（太极拳术　太极剑　太极答问）

陈微明　著　　二水居士　校注　　　　定价：218 元

（第一辑）

李存义武学辑注

（岳氏意拳五行精义　岳氏意拳十二形精义　三十六剑谱）

李存义　著　　阎伯群　李洪钟　校注　　　　定价：258 元

张占魁形意武术教科书

张占魁　著　　吴占良　王银辉　校注

薛颠武学辑注

（形意拳术讲义上编　形意拳术讲义下编　象形拳法真诠　灵空禅师点穴秘诀）

薛　颠　著　　王银辉　校注　　　　　　　　　　　　　定价：358 元

（第二辑）

陈鑫陈氏太极拳图说（配光盘）

陈　鑫　著　　陈东山　陈晓龙　陈向武　校注

董英杰太极拳释义

董英杰　著　　杨志英　校注

许禹生武学辑注

（太极拳势图解　陈氏太极拳第五路　少林十二式）

许禹生　著　　唐才良　校注

（第三辑）

李剑秋形意拳术

李剑秋　著　　王银辉　校注

刘殿琛形意拳术抉微

刘殿琛　著　　王银辉　校注

靳云亭武学辑注

（形意拳图说　形意拳谱五纲七言论）

靳云亭　著　　王银辉　校注

（第四辑）

武学古籍新注丛书

王宗岳太极拳论

李亦畬　著　　二水居士　校注　　定价：50 元

太极功源流支派论

宋书铭　著　　二水居士　校注　　定价：68 元

太极法说

二水居士　校注　　定价：65 元

（第一辑）

手战之道

赵　晔　沈一贯　唐顺之　何良臣　戚继光　黄百家　黄宗羲　著

王小兵　校注

（第二辑）

百家功夫丛书

张策传杨班侯太极拳 108 式　（配光盘）

张　喆　著　　韩宝顺　整理　　定价：48 元

河南心意六合拳　（配光盘）

李洳波　李建鹏　著　　定价：79 元

（第一辑）

形意八卦拳

贾保寿　著　　武大伟　整理　　定价：49 元

张鸿庆传形意拳练用法释秘	邵义会　著
王映海传戴氏心意拳精要	王映海　口述　　王喜成　主编
戴氏心意拳功理秘技	王　毅　编著

（第二辑）

华岳心意六合八法拳	张长信　著
程有龙传震卦八卦学	奎恩凤　著
杨振基传太极拳内功心法	胡贯涛　著
刘晚苍传内家功夫与手抄老谱	刘晚苍　刘光鼎　刘培俊　著

（第三辑）

民间武学藏本丛书

守洞尘技	崔虎刚　校注
通臂拳	崔虎刚　校注
心一拳术	李泰慧　著　　崔虎刚　校注
六合拳谱	崔虎刚　校注
少林论郭氏八翻拳	崔虎刚　校注

（第一辑）

心意拳术学	戴　魁　著　　崔虎刚　校注
武功正宗	买壮图　著　　崔虎刚　校注
太极纲目	崔虎刚　校注
神拳拳谱	崔虎刚　校注
精气神拳书·王堡枪	崔虎刚　校注

（第二辑）

老谱辨析点评丛书

再读浑元剑经　马国兴　著

再读王宗岳太极拳论　马国兴　著

再读杨式老谱　马国兴　著

再读陈氏老谱　马国兴　著

（第一辑）

民国武林档案丛书

太极往事　季培刚　著

（第一辑）

拳道新传丛书

三爷刘晚苍——刘晚苍武功传习录

刘源正　季培刚　编著　定价：54元

慰苍先生金仁霖——太极传心录　金仁霖　著

习武见闻与体悟　陈惠良　著

（第一辑）

图书在版编目（CIP）数据

孙禄堂武学集注. 太极拳学 / 孙禄堂著；孙婉容校注.——北京：北京科学技术出版社，2016.1（2020.6 重印）

（武学名家典籍丛书）

ISBN 978-7-5304-8625-2

Ⅰ. ①孙… Ⅱ. ①孙… ②孙… Ⅲ. ①太极拳－基本知识 Ⅳ. ①G852

中国版本图书馆 CIP 数据核字（2016）第 230066 号

孙禄堂武学集注——太极拳学

作　　者：孙禄堂
校 注 者：孙婉容
策　　划：王跃平　常学刚
责任编辑：王跃平
责任校对：贾　荣
责任印制：张　良
封面设计：张永文
版式设计：王跃平
出 版 人：曾庆宇
出版发行：北京科学技术出版社
社　　址：北京西直门南大街 16 号
邮政编码：100035
电话传真：0086-10-66135495（总编室）
0086-10-66113227（发行部）　0086-10-66161952（发行部传真）
电子信箱：bjkj@bjkjpress.com
网　　址：www.bkydw.cn
经　　销：新华书店
印　　刷：保定市中画美凯印刷有限公司
开　　本：787mm × 1092mm　1/16
字　　数：160 千字
印　　张：19.75
插　　页：4
版　　次：2016 年 1 月第 1 版
印　　次：2020 年 6 月第 5 次印刷
ISBN 978-7-5304-8625-2 / G·2533

定　　价：75.00 元